Rosa Luxemburgo e a Espontaneidade Revolucionária

Coleção Khronos
Dirigida por J. Guinsburg

Equipe de Realização — Tradução: Cecília Bonamine; Produção: Plinio Martins Filho; Capa: Clémen.

Daniel Guérin
Rosa Luxemburgo e a Espontaneidade Revolucionária

EDITORA PERSPECTIVA

Título do original francês:
Rosa Luxemburg et la Spontanéité Révolutionnaire

Copyright © Flammarion, 1971

Direitos em língua portuguesa reservados à Editora Perspectiva. A reprodução desta obra por qualquer meio, total ou parcial, sem autorização expressa da Editora, sujeitará o infrator, nos termos da Lei 6.895 de 17-12-1980, à penalidades previstas nos artigos 184 e 186 do Código Penal, a saber: reclusão de 1 a 4 anos e multa de Cr$ 10.000,00 a Cr$ 50.000,00.

EDITORA PERSPECTIVA S.A.
Av. Brigadeiro Luís Antonio, 3025
01401 – São Paulo – Brasil
Telefone: 288-8388
1982

SUMÁRIO

CRONOLOGIA: Vida de Rosa Luxemburgo. 6
PRIMEIRA PARTE: OS FATOS
PREFÁCIO   12
Capítulo I – Espontaneidade e Consciência. 18
Capítulo II – Rosa e a Greve de Massas 44
Capítulo III – Rosa e o Anarquismo. 57
Conclusão: Rosa Puxada a Torto e a Direito. 74

SEGUNDA PARTE: ELEMENTOS DO DOSSIÊ E ESTADO
DA QUESTÃO
Documentos.   80
Problemas e Querelas de Interpretação. 106
O Destino da Espontaneidade Luxemburguiana. 107
Controvérsias Antigas.   113
Controvérsias Recentes. . . .   122

ELEMENTOS DE BIBLIOGRAFIA 137

CRONOLOGIA

Vida de Rosa Luxemburgo

5 de março de 1870 ou 1871	(Data controvertida), nascimento em Zamosc (Polônia).
1889	Deixa clandestinamente seu país para Zurique onde vai iniciar estudos universitários que resultarão numa tese sobre o *Desenvolvimento Econômico da Polônia* (publicado em Leipzig em 1898).
Julho-agosto de 1896	Participa na qualidade de representante do socialismo polonês do congresso socialista internacional de Londres.
Maio de 1898	Entra na Alemanha onde, incontinenti, adere à social-democracia, assume a chefia da redação do *Sächsische Arbeiterzeitung*, participa do congresso da social-democracia em Stutgart, inicia uma polêmica contra o revisionismo de Eduard Bernstein e afins, publicada em brochura em 1899 sob o título *Reforma ou Revolução*.
Setembro de 1900	Participa do congresso socialista internacional de Paris. Inicia sua colaboração na revista teórica de Karl Kautsky: *Die Neue Zeit*, publica aí uma série de brilhantes artigos contra o "ministerialismo" na França.
1901-1902	Co-diretora do *Leipziger Volkszeitung*.
Setembro de 1903	Participa do congresso da social-democracia em Dresden onde o

	revisionismo é condenado. Pelas palavras que pronunciou aí ela é condenada a três meses de prisão.
16 de janeiro de 1904 Primavera de 1904	Escreve e publica *Questões de Organização da Social-democracia Russa* (contra Lenin).
Agosto de 1904	Participa do congresso socialista internacional de Amsterdã e paga, imediatamente após, sua pena de prisão.
Maio de 1905	Congresso dos sindicatos em Colônia onde a greve de massas assim como a greve geral são condenadas.
Setembro de 1905	Participa do congresso da social--democracia em Iena onde o princípio da greve de massas é mais ou menos ratificado.
29 de dezembro de 1905	Parte para a Polônia em revolução e toma parte na insurreição de Varsóvia.
Março-agosto de 1906	Na prisão em Varsóvia.
Agosto de 1906	Estada em Kuokkala (Finlândia) onde redige *Greve de Massas, Partido e Sindicatos*.
Setembro de 1906	Participa do congresso da social--democracia em Manheim; é condenada por seu discurso nesse congresso a dois meses de prisão.
15 de novembro de 1906	Abertura da Escola do Partido onde ela vai lecionar (seus cursos de economia política serão publicados, bem mais tarde, sob o título: *Introdução à Economia Política*).
12 de junho-12 de agosto de 1907	Paga a pena de prisão.
Agosto de 1907	Participa do congresso socialista internacional de Stuttgart (redige aí uma emenda com Lenin e Martov).
1910	Inicia uma viva polêmica com Karl Kaustsky sobre a greve de

	massas.
Setembro de 1910	Participa do congresso socialista internacional de Copenhangue.
Setembro de 1910	Participa do congresso da social-democracia em Magdeburg.
Setembro de 1911	Participa do congresso da social-democracia em Iena.
Novembro de 1912	Participa do congresso socialista internacional extraordinário em Basiléia.
1913	Nova e viva polêmica com os dirigentes do partido e dos sindicatos sobre a greve de massas e a ação direta extraparlamentar. Publica a *Acumulção do Capital*.
Setembro de 1913	Discurso em Frankfurt contra o militarismo e a favor da confraternização; por esse discurso foi condenada a um ano de prisão.
29-30 de julho de 1914	Participa da última reunião da Comissão socialista internacional em Bruxelas e de um comício contra a guerra.
4 de agosto de 1914	Primeira reunião, em sua casa, dos militantes que se opunham aos votos dos créditos de guerra.
19 de setembro de 1914	Primeira declaração pública juntamente com Karl Liebknecht, Franz Mehring e Clara Zetkin contra a atitude vergonhosa da social-democracia na guerra.
Fevereiro de 1915-Fevereiro de 1916	Paga o ano de prisão e aí escreve a *Junius broschüre*.
15 de abril de 1915	Publicação do primeiro número da *Die Internationale* que ela funda com Karl Liebknecht e que é imediatamente proibida.
1º de janeiro de 1916	Conferência nacional do Grupo "Internationale" que tomará o nome de Liga Spartakus.
Começo de março de 1916	Publicação de *A Crise da Social-democracia ("Junius broschüre")*.

1º de maio de 1916	Manifestação contra a guerra em Berlim, onde ela falou à multidão com Karl Liebknecht.
19 de julho de 1916	Nova detenção que durará até a revolução de 9 de novembro de 1918.
20 de setembro de 1916	Publicação do nº 1 das *Cartas de Spartakus* nas quais colabora até o nº 12 de outubro de 1918.
Verão de 1918	Escreve na prisão *A Revolução Russa*, cujo manuscrito envia a Paul Levi em setembro e que somente será publicado por este em 1922.
16 de novembro de 1918	Publicação do jornal *Die Rote Fahne* onde colabora a partir do número 2 (17 de novembro).
14 de dezembro de 1918	Publicação do programa da Liga Spartakus.
30 de dezembro de 1918 - 1º de janeiro de 1919	Congresso constitutivo da Liga Spartakus. (Partido comunista alemão): pronuncia aí seu *Discurso sobre o Programa*.
Começo de janeiro de 1919	Deixa-se levar, por solidariedade aos trabalhadores revolucionários, na "Comuna de Berlim".
14 de janeiro de 1919	Último artigo no *Die Rote Fahne:* "A ordem reina em Berlim".
Tarde do dia 15 de janeiro de 1919	Captura, assassinato, seu corpo é jogado num canal.

PRIMEIRA PARTE:

OS FATOS

PREFÁCIO

A espontaneidade está atualmente na ordem do dia, para não dizer — o que seria pejorativo — na moda. Maio de 1968, furacão não desencadeado conscientemente por ninguém, que recolocou em discussão, em cada empresa, em cada estabelecimento escolar da França, o poder capitalista e a ideologia burguesa, ao mesmo tempo em que esteve prestes a varrer um governo aparentemente forte e de prestígio. ("Em maio, tudo me surpreendia", Charles de Gaulle). Maio de 68 exaltou uma juventude apaixonada e os efeitos mágicos da espontaneidade fascinaram-na por algum tempo. Entretanto, os mesmos sortilégios que fizeram com que eles derrubassem todas as instituições, abalassem todos os valores estabelecidos, inclusive a CGT e o Partido Comunista, causaram, com o tempo, a impotência destes jovens mágicos. E, por isso mesmo, recolocou em discussão o recurso exclusivo à arma da espontaneidade.

Parece útil, então, proceder a um reexame de um fenômeno complexo e, apesar da recente experiência, ainda muito mal explorado.

A espontaneidade, força elementar que, por essa mesma razão, não podia ter sido inventada por nenhum teórico, foi observada, analisada e, em parte, decantada por uma grande teórica revolucionária: Rosa Luxemburgo.

Era normal, então, que Maio de 68 duplicasse o interesse dado a seus trabalhos e, principalmente, aos que tratam da auto-atividade das massas.

Contudo, 1968, na França, não só demonstrou a eficiência da espontaneidade, revelou também suas deficiências. À parte uns dois ou três "espontâneos" irredutíveis, adversários maníacos da organização pela obsessão do perigo burocrático e que condenaram a si mesmos à esterilidade, nenhum militante, nem no meio estudantil, nem na classe operária acredita, hoje, que seria possível, para levar a revolução a cabo, passar sem uma "minoria agitadora". Infelizmente, nem o Partido Comunista, convertido a *contra-revolucionário*, nem os minúsculos grupos sectários rivais e, apesar de seus esforços, ainda insuficientemente enraizados no proletariado, puderam, até o presente, fornecer essa ala de frente. O fracasso, provisório, deve-se menos ao excesso de "espontaneísmo" do que à ausência momentânea de uma formação *operária* capaz de desempenhar o papel que pertence à *consciência*.

Antes de passar à análise das concepções luxemburguiana sobre a espontaneidade, parece necessário, a título de contribuição pessoal, examinar rapidamente a natureza e o mecanismo do movimento de massas, pois Rosa estuda mais seus efeitos, suas manifestações exteriores do que sua dinâmica interna. Simples[1] como todos os fenômenos da natureza, elementar como a fome ou o apetite sexual, essa força tem por motor primário, por impulso original, o instinto de conservação da espécie, a necessidade de subsistir, o estímulo do interesse material. Os trabalhadores movimentam-se, saem da passividade, da rotina e do automatismo do gesto cotidiano, deixam de ser moléculas isoladas, juntam-se a seus companheiros de trabalho e de alienação, não porque um "líder" os incita, nem mesmo, o que é mais freqüente, porque um pensamento consciente

---

1. Resume-se aqui um capítulo de D.G., *La Révolution Française et nous*, Bruxelas, Ed. La Taupe, 1969, p. 39 e ss., em que o movimento elementar das massas é examinado a partir da Revolução Francesa do século XVIII. (Para uma análise detalhada, cf. D.G., *La Lutte de classes sous la Première République 1793-1797*, 2 vols. nova ed., Gallimard, 1968).

os desperta e fanatiza mas, simplesmente, porque a necessidade os compele a assegurar ou melhorar a sua subsistência e, se já atingiram um estágio mais adiantado, a reconquistar sua dignidade de homens.

Este movimento existe, permanentemente, em estado latente, subterrâneo. Em nenhum momento a classe explorada deixa de exercer uma relativa pressão sobre seus exploradores a fim de arrancar deles, primeiro uma ração um pouco menos exígua e, em seguida, um mínimo de atenções. Entretanto, esta pressão, nos períodos de refluxo, permanece surda, invisível, heterogênea. Ela consiste em reações fracas, individuais ou de pequenos grupos, isoladas umas das outras. O movimento de massas é atomizado, concentrado em si mesmo.

Contudo, em determinadas circunstâncias, ele chega a subir bruscamente à tona, a manifestar-se como uma enorme força coletiva, homogênea: chega a explodir. É que o excesso de miséria ou de opressão humilhante, não só econômica mas também política, fez com que cada uma de suas vítimas soltasse um grito tão alto que todas as vítimas se vêem gritando juntas (freqüentemente, aliás, um ou dois gritos superam os dos outros, mesmo no mais espontâneo dos movimentos — como dizia um operário: "Existe sempre alguém que exorta à espontaneidade") e a unanimidade desse grito lhes deu confiança a si mesmos; seu protesto é como uma bola de neve; o contágio revolucionário ganha o conjunto da classe.

É o caráter ao mesmo tempo concreto e limitado de seu objetivo que confere ao movimento de massas a sua particularidade. Inconsciente, pelo menos no início, difere, em sua própria natureza, de todos os grupos políticos conscientes, ou que se pretendem como tais. Em algumas circunstâncias, pode projetar seu ímpeto por meio de um partido, mas mesmo assim, não há fusão verdadeira. Ele continua a obedecer a suas próprias leis, a perseguir fins particulares: é como um rio que desemboca suas águas em um lago para em seguida retomar o curso. A disparidade entre os móveis de ação das massas e dos políticos é a orgiem de todos os tipos de erros de diagnóstico, ou de tática, e de equívocos.

Em uma Revolução, interpenetram-se ou associam-se dois tipos de força que não são da mesma essência, que não falam a mesma linguagem. Qualquer revolução assenta-

-se em um qüiproquó. Alguns põem-se em marcha rumo a um objetivo exclusivamente político — na Rússia de 1905 e de 1917, por exemplo, contra o despotismo czarista; outros partem para a luta por móveis bem diferentes: nas cidades, contra o custo de vida, os baixos salários, o fisco, a miséria, na verdade; no campo, contra a servidão e as corvéias, etc... Acontece que os segundos, devido a uma associação de idéias bastante natural, adotam momentaneamente a terminologia dos primeiros, oferecem auxílio de seus braços e derramam seu sangue por eles. Mas o movimento de massas não deixa de seguir sua marcha particular.

Os políticos imaginam que, por ter caminhado um pouco junto com eles, o movimento de massas esteja eternamente à sua disposição, como um cão treinado que podem levar para onde quiserem, fazê-lo aceitar o que lhes convêm, apaziguar sua fome ou deixá-lo faminto, fazê-lo avançar, recuar, avançar novamente, ao capricho de suas vontades, usá-lo, pô-lo de lado e, depois, usá-lo novamente. O movimento de massas nem sempre se presta a ginástica semelhante. Uma vez que se põe em marcha, só permanece fiel se se permanecer fiel a ele, se se avançar sempre junto com ele, ininterruptamente, na direção em que o seu instinto de conservação o impelir.

A associação de idéias, que levou as massas a tomar de empréstimo a linguagem dos políticos, permanece frágil. Um nada basta para destruí-la, romper o acordo circunstancial: por vezes, uma simples pausa na marcha para frente que, mesmo estrategicamente hábil, pode romper o impulso das massas.

O político que, um dia antes, com um gesto apenas, uma só palavra, conseguia erguer cem mil homens, agora gesticula no vazio sem impressionar ninguém. Inútil falar: a associação de idéias não mais funciona, a confiança não mais existe, o milagre não mais se opera. O movimento de massas, enganado, jura que não cairá nessa conversa de novo, fecha-se em si mesmo, não está mais à disposição de quem quer que seja.

Uma longa e cruel experiência ensinou os trabalhadores a desconfiar dos políticos, que designam com uma palavra pejorativa em que se exprime a natureza diversa de seu próprio movimento: os "politiqueiros". Consideram-nos, de muito bom grado, preguiçosos, parasitas, bem-falantes, que sempre os usaram para traí-los. Recuperam-se tão rapidamente quanto se entregaram e mordem-se de raiva por terem sido "levados" ainda mais uma vez. Esta prevenção é pertinaz, principalmente na França, onde a classe operária conservou a lembrança de dezenas de decepções deste tipo. Depois que, em maio de 68, ela foi usada com muito mais crueldade que no passado, ela está menos disposta que nunca a se deixar levar pelos politiqueiros.

Contudo, a massa de trabalhadores, presos de manhã à noite a seu duro labor, esmagados pela fadiga e pelas tarefas domésticas e, sobretudo, nas grandes aglomerações, pela distância e desconforto dos transportes, logrados pela *mass media* que a classe dominante monopoliza, com falta de lazeres e de meios próprios de informação, ainda não consegue, em sua totalidade, unir a luta por melhorias materiais com um objetivo superior sem o qual tal luta estaria, como o trabalho de Sísifo, sempre recomeçando.

Entretanto, uma minoria *proletária*, mais instruída e mais *lúcida*, composta principalmente de *operários* qualificados, consegue erguer-se acima do horizonte estreito do pão cotidiano. Dessa forma, o inconsciente relativo da classe vê-se iluminado pelo consciente. Se esta elite operária[2] sabe levar em conta as particularidades e leis complexas do movimento das massas, se ela se preocupa ininterruptamente com o papel que a associação representa de modo constante entre as reivindicações imediatas de seus companheiros de trabalho e o objetivo revolucionário que ela lhes propõe, se se esforça em sugerir, em explicar, sem nunca "dirigir", a fusão tem probabilidades de se produzir.

E é necessária. Pois as duas forças têm necessidade absoluta uma da outra. O que pode a elite sem as massas? O que podem as massas sem a elite senão, após uma breve explosão de efêmeras conquistas, concentrarem-se em si mesmas, desencorajadas e acreditando-se vencidas?

Às vezes, é verdade, a elite e o movimento de massas entregam-se a um sinistro jogo de esconde-esconde. Este está pronto para o combate ou, então, partiu

---

2. Cada vez que aparecer a palavra *elite*, subentende-se o adjetivo *operária*.

sozinho para a briga. Bastaria que militantes conscientes o ajudasse a se ultrapassar. Mas, no momento em que seria necessário, tal elite não existe; ou, se estiver presente, não consegue erguer-se à altura da situação. A consciência falhou em sua tarefa ou, então a classe dominante colocou-a na gaiola. O instinto, abandonado a si mesmo, após alguns violentos redemoinhos, após algumas escaramuças na retaguarda, sumiu na areia. Revolução frustrada.

Pode ocorrer o contrário. Após ter aprendido a lição de experiências anteriores, uma minoria consciente é capaz de ir até o fundo. Ela se volta para o movimento de massas e solicita o seu apoio. Mas ela age mal, ou então, neste instante preciso, as massas adormecem, seja porque estejam ocupadas digerindo as migalhas de pão recuperadas do inimigo, seja porque a lembrança de um fracasso recente ou uma repressão brutal desagregou momentaneamente o movimento. Reduzida a suas parcas forças, a minoria consciente agita-se e esgota-se em vão. Revolução frustrada.

A vitória surge da conjunção das duas forças no dia em que apesar de suas dessemelhanças, suas diferenças de formação e de óptica, seus interesses divergentes, elas entrem juntas na batalha. Outubro de 1917.

Entretanto, mesmo quando se trata de uma formação política que se apóia no proletariado e cujos interesses, como foi o caso do partido bolchevista no outono de 1917, coincidiram por um momento com os do proletariado, não é possível generalizar essa conjunção ocasional e concordar com Gramsci, quando este marxista italiano afirma que "teoria" (ele entende por esta palavra uma "direção" política do proletariado) e "espontaneidade" "não podem se oporem uma à outra" (ver texto nº IV, p. 117). Esta afirmação otimista pertence ao idealismo e foi cruelmente desmentida pela história.

Resta procurar, como se tentará ao termo deste livro, uma forma *operária* consciente, pressentida dialeticamente mas ainda não verdadeiramente descoberta por Rosa Luxemburgo, que não será nem separada nem distinta do grosso da classe, sendo o próprio fruto de suas entranhas, e cujos modos de funcionamento a preveniriam contra toda ameaça de burocratização. Então, somente então, os graves obstáculos que comprometem a simbiose da espontaneidade e da consciência serão, enfim, afastados.

CAPÍTULO I

Espontaneidade e Consciência

Façamos um retorno ao passado e vejamos como os grandes precursores, tanto marxistas quanto anarquistas — pois as duas correntes foram, naqueles tempos distantes, parentes bastante próximos — definiram a espontaneidade em suas relações com a consciência.

Questão de Vocabulário

A palavra *espontâneo* deriva do baixo latim *spontaneus*, do latim *sponte* (livremente, voluntariamente), este oriundo de uma raiz grega. Este adjetivo significa, de acordo com o Littré:
1º) que tem seu princípio em si mesmo;
2º) que se faz, se produz por si mesmo;
3º) (em fisiologia) que não é produzido por causa exterior.

Marx e Engels não empregam ainda as palavras *spontan*, *Spontaneität* que, parece, não eram muito utilizadas na língua alemã, a não ser em fisiologia, mas que tornaram-se correntes em política na pena, entre outros, de Rosa Luxemburgo[1]. Eles aplicam ao movimento proletário os adjetivos *selbstânding* ou *eigentümilch* que têm, ambos, o mesmo sentido, talvez um pouco restritivo, ou seja mäis estático, menos dinâmico, que o segundo sentido em português, isto é, que o movimento existe por si próprio, que tem sua existência própria. Estes epítetos foram freqüentemente traduzidos por "autônomo". Fala-se comumente, no jargão político, do "movimento autônomo das massas". A expressão, olhando-se mais de perto, não é muito feliz, pois em nossa língua a palavra "autônomo" corre o risco de subentender uma restrição com respeito à palavra "independente". O Littré informa-nos sobre a etimologia dessa restrição: a autonomia era o direito de se administrarem por suas próprias leis que os romanos concederam a algumas cidades gregas. Do mesmo modo, hoje, para tomar um exemplo recente, um país colonizado, como a Tunísia, teve de passar pela etapa de "autonomia interna" antes de poder chegar à independência.

Marx e Engels usam igualmente outra expressão: falam de *geschichtliche Selbsttätigkeit* do proletariado, isto é, literalmente, de sua "auto-atividade histórica" que traduziu-se, antecipando um pouco o vocabulário ulterior, por "espontaneidade histórica".

Engels, em *As Origens da Propriedade, da Família e do Estado*, fala também de "organização auto-ativa (*selbsttätig*) da população armada", expressão que Lenin retomou em *O Estado e a Revolução*[2]. A palavra *selbsttätig* foi traduzida aproximadamente por "espontâneo".

Finalmente, Marx, quando aludiu às primeiras tentativas para se criar uma organização comunista internacional, escreve que ela "surgiu *naturwüchsig* (naturalmente) do solo da sociedade moderna". Também aqui tomou-se uma certa liberdade, traduzindo-se o termo por "espontaneamente"[3].

---

1. Já se encontra a palavra *spontan* em um artigo de Rosa Luxemburgo de 1899, "L'Unification française", 18-20 de dezembro de 1899, *in: Le Socialisme en France (1898-1912)*, 1971, 76, 83, 88.
2. Lenin, *Sämtliche Werke*, XXI, 1931, 470-472.
3. Karl Marx e Friedrich Engels, *Manifeste Communiste*, 1848; — Engels, *M.E. Dühring bouleverse la science*, 1878, Introduction. 3-4, Ed. Costes, 1931; — Marx, carta a Freiligrath, 29

"Autonomia" ou "independência" ou "auto-atividade" do movimento de massas frente a quem? Antes de mais nada, frente às formações políticas burguesas. É assim que Engels distinguiu, por ocasião de cada grande movimento revolucionário burguês, a aparição de movimentos *selbständig* da classe que era, mais ou menos, antecessora do proletariado moderno.

Contudo, o movimento de massas possui igualmente uma existência própria frente às formações políticas socialistas ou comunistas. Evidentemente, para Marx e Engels, os comunistas não têm

interesses separados dos do proletariado inteiro. Não estabelecem princípios particulares com os quais querem moldar o movimento proletário (...) Representam, constantemente, o interesse do movimento total.

Por que razões essa pretensa indentidade? Porque suas concepções teóricas

não se baseiam em absoluto nas idéias, nos princípios inventados ou descobertos por este ou aquele reformador do mundo. Elas são apenas a expressão geral (...) de um movimento histórico que se opera sob nossas vistas.

Entretanto, para os redatores do *Manifesto Comunista*, movimento proletário e comunismo não se confundem de modo algum, pois os comunistas, dizem eles, "têm, sobre o resto da massa proletária, a vantagem de compreender as condições, a marcha e os resultados gerais do movimento do proletariado". O movimento da massa proletária tem, portanto, uma "existência própria", uma "auto-atividade" elementar, igualmente em relação à sua expressão política consciente[4].

Esta diferenciação, evidentemente, era ainda embrionária, pouco perceptível em 1847. Contudo, ela se esboçará mais nitidamente em uma fase posterior e é assim, por exemplo, que Trotsky em sua *História da Revo-*

---

de fevereiro de 1860, cit. em Maximilien Rubel, Karl Marx, *Essai de biographie intellectuelle,* 1957, 290.

4. *Manifeste Communiste,* cit.

*lução Russa*⁵, fará constantemente a distinção entre "o processo molecular das massas", "a roda gigante das massas" e a ação empreendida pelas formações políticas revolucionárias, em primeiro lugar o partido bolchevista⁶.

Entre os fundadores do anarquismo, dá-se ênfase à espontaneidade e, é bem possível que seja a partir deles que a palavra terminou por entrar na linguagem política alemã. Em Stirner, existe apenas sob a forma *Empörung* em seu sentido etimológico, precisa o autor, de indignação, de revolta e, não, em seu sentido jurídico (rebelião, sedição)⁷. Mas é Proudhon que escreve: "O que importa assinalar nos movimentos populares é a sua perfeita espontaneidade". E ainda:

> Uma revolução social (...) é uma transformação que se realiza espontaneamente (...) Ela não acontece por ordem de um chefe com uma teoria acabadinha (...) Uma revolução (...) verdadeiramente não é obra de ninguém.

Depois dele, Bakunin repete que as revoluções

> fazem-se por si sós, produzidas pela força das coisas, pelo movimento dos acontecimentos e dos fatos. Elas se preparam durante muito tempo nas profundezas do consciente instintivo das massas populares, depois explodem, ocasionadas aparentemente, com freqüência, por razões fúteis.

Na revolução social "a ação dos indivíduos" é "quase nula e a ação espontânea das massas" deve ser "tudo". Ela não pode "ser feita e levada a pleno desenvolvimento pela ação espontânea e contínua das massas". Do mesmo modo, o alicerce da Primeira Internacional "está (...) no movimento espontâneo das massas de todos os países e, não (...) em uma teoria política uniforme, imposta, por um congresso geral, a essas massas".

---

5. Trotsky, *Histoire de la Révolution russe*, ed. 1933, I, *La Révolution de Février*, 297; II, capítulo "Regroupements dans les masses; III, *La Révolution d'Octobre*, "Marée montante", p. 389; IV, "L'insurrection d'Octobre", 387.

6. Ver mais adiante, p. 38, nota 54, as contradições de Trotsky sobre esse assunto.

7. Max Stirner, *L'Unique et sa propriété*, 1844, trad. Lasvignes, 1948, 347.

Entretanto, os dois pensadores libertários, ao contrário do que imaginam seus adversários marxistas, se enfatizam a espontaneidade, não desprezam, absolutamente, o papel das minorias conscientes. Proudhon observa que "as idéias, que em todas as épocas agitaram as massas, nasceram antes no cérebro de algum pensador (...) A prioridade nunca coube às multidões". Quanto a Bakunin, se se afasta de Proudhon ao inverter o raciocínio deste e ao atribuir prioridade à ação elementar das massas, prescreve aos revolucionários conscientes o imperioso dever de "ajudar o nascimento de uma revolução, difundindo às massas idéias" correspondentes a seu instinto "de servir como intermediários entre a idéia revolucionária e os instintos populares" "de contribuir para a organização revolucionária do poder natural das massas"[8].

A Espontaneidade Subestimada?

Contudo, mais tarde, a noção de auto-atividade e de espontaneidade, presente tanto no marxismo original quanto no anarquismo, foi um pouco obscurecida por alguns sucessores de Marx e de Engels: primeiro Kautsky, depois Lenin.

Para o teórico da social-democracia alemã seria "inteiramente falso" que a consciência socialista fosse o resultado necessário, direto, do movimento de massa do proletariado. O socialismo e a luta de classes seriam oriundos de premissas diferentes. A consciência socialista surgiria da ciência. Ora, os portadores da ciência são, até segunda ordem, intelectuais oriundos da burguesia. É através deles que o socialismo científico teria sido "comunicado" aos operários. "A consciência socialista, afirma Kautsky, é um elemento importado de fora na luta de classes do proletariado e não algo que surja espontaneamente dela". Em circunstâncias extremas, o movimento operário pode produzir, quando muito, o "instinto socialista", "a necessidade do socialismo" mas, não, a idéia socialista[9].

8. Cf. D.G., *Ni Dieu ni maître,* reedição 1970, I, 137-138, 222; II, 25-26.

9. Karl Kautsky, *Die Neue Zeit,* 1901-1902, XX, I, 79-80, cit. por Lenin, *Que faire?, Oeuvres complètes* (em francês), IV, 1929, 445-446.

Lenin, se não contesta a existência da espontaneidade, não esconde que desconfia dela. E o faz, aliás, em termos um tanto contraditórios. Ora admite que ela "é, no fundo, somente a forma embrionária do consciente". Ora emprega palavras muito mais pejorativas: espontaneidade é, para ele, sinônimo de *inconsciência* (sic)[10]. Afirma, de acordo com Kautsky, que os operários dispersados, oprimidos, mergulhados na *estupidez* (sic) sob o capitalismo[11] não podem ainda, em sua grande maioria, possuir uma consciência de classe socialista e que esta só lhes pode ser trazida do exterior[12].

Mas Lenin vai ainda mais longe que o teórico alemão: pensa poder deduzir do precedente que a "vanguarda" revolucionária deve se preservar de "qualquer submissão servil à espontaneidade do movimento operário". Curvar-se diante desta espontaneidade[13], seria reduzir a vanguarda a uma "simples serva" do movimento proletário[14]. Ele preconiza o contrário. "Nossa tarefa, escreve, é *combater* (sic) a espontaneidade". Está satisfeito com o fundador do socialismo alemão, Ferdinand Lassalle, por ter empreendido "uma luta ferrenha contra a espontaneidade"[15]. O partido não pode absolutamente ser confundido com a classe ou, em todo o caso, só o poderia ser até um certo ponto. "A luta espontânea do proletariado somente se tornará uma luta verdadeira de classes quando for *dirigida* por uma forte organização revolucionária".

O mais importante é que o operário não pretenda "arrancar seu destino das mãos de seus dirigentes!" Seria o mundo às avessas: "o completo esmagamento da consciência pela espontaneidade!"[16]

Um Processo Dialético

Rosa Luxemburgo, na realidade, somente retornou

10. Lenin, *Ibid.*, 450.
11. Lenin, *Un pas en avant, deux pas en arrière*, maio de 1904, trad. fr., Editions Sociales, 1953, 37.
12. *Que faire?*, *Oeuvres*, cit., IV, 437, 482.
13. *Ibid.*, 458.
14. *Ibid.*, 452.
15. *Ibid.*, 447.
16. *Ibid.*, 532.

às fontes autênticas do marxismo e, mais ainda, do anarquismo, embora ela julgue dever defender-se disso, quando toma a posição contrária à de Kautsky e de Lenin, revivificando a noção de auto-atividade, termo que emprega, às vezes, e de espontaneidade, vocábulo que usa com mais freqüência.

O movimento socialista, objeta ela a Lenin, está na história das sociedades de classes, o que é o principal, em todas as suas fases e em toda a sua marcha, na organização e na ação direta, derivando sua existência própria (*selbständig*) da massa.

Sem dúvida, ela quer acreditar que a organização centralista do partido é condição prévia para sua capacidade de luta. Contudo, bem mais importante que estas "exigências formais", parece-lhe ser a espontaneidade. Centralização, sim, mas uma centralização que "não poderia se fundar nem na obediência cega, nem na subordinação mecânica dos militantes a um poder central". Replica ao autor de *Que fazer?* que

não pode haver muros estanques entre o núcleo proletário consciente, que forma os quadros sólidos do partido, e as camadas ambientes do proletariado, já empenhadas na luta de classes e nas quais cresce cada dia mais a consciência de classe.

Espontaneidade e consciência não são processos separados, tanto mecanicamente quanto no tempo, mas um desenvolvimento dialético. É no próprio desenrolar da luta que o exército do proletariado toma cada vez mais consciência dos deveres desta luta. A vanguarda proletária consciente encontra-se em estado de permanente "devir"[17].

Quanto mais o proletariado aumenta em número e em consciência, menos a "vanguarda" instruída tem direito de substituí-lo. À medida que a cegueira da massa recua diante de sua educação, fica destruída a base social em que repousavam os "chefes". É a massa que se torna, se assim se pode dizer, dirigente e seus "chefes" não são mais que "executantes", instrumentos de sua "ação consciente". Ao contrário de Lenin, para quem a espontaneidade equivalia, já vimos, à inconsciência, Rosa considera

---

17. *Q.O.*, 216.

que a "inconsciência" da classe operária pertence a um passado acabado. O único ser a quem compete, hoje, o papel de dirigente é o eu coletivo (*das Massen-Ich*) da classe operária.

Esse processo, sem dúvida, não é instantâneo e não segue uma linha reta. Por isso

a transformação da massa em "dirigente" segura, consciente, lúcida, a fusão sonhada por Lassalle da ciência com a classe operária[18] só é e só pode ser um processo dialético, já que o movimento operário absorve ininterruptamente os novos proletários assim como os desertores de outras camadas sociais. Todavia, assim é e assim permanece a *tendência* dominante do movimento socialista: a abolição dos "dirigentes" e da massa "dirigida" no sentido burguês, a abolição do fundamento histórico de qualquer dominação de classe.

Em circunstâncias extremas, o partido consciente é "o movimento próprio da classe operária"[19].

18. Eis a citação exata de Ferdinand Lassalle: ·
"Esta é justamente a grandeza da vocação desse tempo, a de realizar o que os séculos obscuros nem sequer ousaram vislumbrar como possível: levar a ciência ao povo!

"Quaisquer que sejam as dificuldades desta tarefa, estamos prontos a combatê-las com toda a nossa força, superá-las em nossa vigília.

"Apenas duas coisas permaneceram grandes na decadência geral que, para o profundo conhecedor da história, apoderou-se de todos os aspectos da vida européia, duas coisas apenas permaneceram frescas e sempre ativas no meio da lenta consunção do egoísmo que se introduziu em todas as veias da vida européia: a ciência e o povo, a ciência e os trabalhadores!

"A reunião destes dois só pode fecundar uma nova vida à Europa de hoje!

"A aliança da ciência e dos trabalhadores, dois pólos opostos da sociedade que, quando se derem as mãos, esmagarão com seus braços de bronze todos os obstáculos à Cultura – este é o objetivo para o qual resolvi devotar a minha vida por todo o tempo que respirar." Ferdinand Lassalle, *A Ciência e os trabalhadores, autodefesa perante o tribunal criminal de Berlim contra a acusão de ter incitado publicamente as classes não-possuidoras ao ódio e ao desprezo das possuidoras,* 16 de janeiro de 1953.

19. *Q.O., passim,* e "Genickte Hoffnungen" ("Esperanças frustradas"), trad. em francês sob o título "Masses et chefs" *in* "Marxisme contre dictature", *Cahiers Spartacus*, julho de 1946, p. 36 e ss.

A Experiência Concreta

Rosa passa agora de considerações teóricas à análise concreta de acontecimentos contemporâneos. E o faz com muito mais ardor polêmico já que escreve para o leitor de seu país de adoção, para uma classe operária alemã comandada com mão de ferro por uma social-democracia reformista e na qual trinta anos de parlamentarismo e de reivindicações de pequena envergadura enfraqueceram o sentido de ação direta[20].

Com respeito à greve geral de 1902, ela já observava:

> A história de todas as revoluções precedentes mostra-nos que violentos movimentos populares, longe de serem um produto arbitrário consciente de pretensos "chefes" ou de "partidos", como imaginam o policial e o historiador burguês oficial, são, antes de mais nada, fenômenos sociais elementares, produzidos por uma força natural que têm sua origem no caráter de classe da sociedade moderna[21].

Lenin quis fundamentar sua teoria anti-"espontaneísta" sobre a experiência do movimento operário russo, tal como ele a interpretava. Rosa propõe, à mesma experiência, uma interpretação bem diferente. Em sua opinião, formulada em 1904, pouco antes da Revolução de 1905, "a própria história do movimento operário na Rússia oferece-nos muitas provas do valor problemático" das concepções de Lênin:

> O que nos ensinam as vicissitudes por que passou, até hoje, o movimento socialista na Rússia? As reviravoltas de tática mais importantes e mais fecundas dos últimos dez anos não foram "invenção" de alguns dirigentes (...), mas foram a cada vez produto espontâneo do próprio movimento desencadeando-se.

E Rosa enumera alguns exemplos: a erupção elementar de duas greves gigantescas em São Petersburgo no fim de maio de 1896 e de janeiro de 1897; bem como as espontâneas demonstrações de rua durante os distúrbios estudantis em março de 1901; a greve do Cáucaso em

---

20. Paul Frölich, *Rosa Luxemburg*, cit., 183-184; – *G.M.* 149; – Tony Cliff, *Rosa Luxemburg, a study*, Londres, 1959; 41-42.
21. *G.S.*, 36.

Baku, em março de 1902, que eclodiu de maneira fortuita; a greve geral que estourou por si só em Rostov-sobre--o-Don em novembro de 1902, com sua manifestação de rua, improvisada, assembléias populares ao ar livre, discursos públicos que não teriam sequer passado pela cabeça do mais audacioso socialista alguns anos antes, senão como uma visão fantástica; depois aconteceu a grandiosa greve geral que inflamou, de maio a agosto de 1903, todo o sul da Rússia:

> Lá, também, o movimento não se desencadeou a partir de um centro, a partir de um plano preconcebido: desencadeou-se em diversos pontos por motivos diversos e sob formas diferentes para, em seguida, confluir;

finalmente, em julho de 1904, a gigantesca greve geral de Baku, prelúdio imediato da Revolução que começa em janeiro de 1905 com a greve geral de São Petersburgo.

Desde o verão de 1904, Rosa anunciava que o movimento operário russo encontrava-se às vésperas de grandes combates revolucionários para a destruição do absolutismo, no limiar ou, antes, já em um período de atividade criadora mais intensa, de ampliação da luta, febrilmente e por etapas[22]. A eclosão da Revolução de 1905 deveria confirmar, sob todos os pontos, a justeza desta análise e destas previsões.

> Também aí não se pode falar nem de plano prévio, nem de ação organizada, pois os apelos dos partidos mal podiam seguir o movimento espontâneo da massa; os dirigentes mal tinham tempo de formular palavras de ordem à multidão proletária que se lançava ao ataque (...). Durante toda a primavera do ano de 1905 até pleno verão, fermentou no Império gigantesco uma infatigável luta econômica de quase todo o proletariado contra o capital.

O contágio ganhou as profissões liberais e pequeno-burguesas, o campo e até as casernas.

> Esta primeira e geral ação direta de classe (...) despertou, pela primeira vez, o sentimento e a consciência de classe entre milhões e milhões de homens, como por um choque elétrico (...) Repentinamente, esta massa tomou consciência, com uma acuidade cortante, do caráter insuportável da existência social e econômica

---

22. *Q.O.*, 216; – *G.M.*, 106-110.

que agüentara com paciência durante decênios nas correntes do capitalismo. De modo que começa a sacudir estas correntes, a arrancá-las violentamente, de maneira geral e espontânea (...).

Nas principais fábricas de todos os centros industriais importantes, formam-se conselhos de operários espontaneamente.

Sindicatos novos, jovens, vigorosos e alegres elevam-se como Vênus da espuma marinha (...) Ora a onda do movimento arrebenta sobre todo o Império, ora subdivide-se em uma rede de pequenas torrentes; ora jorra das profundezas como uma fonte viva, ora escoa inteira no solo.

Todas as formas de luta

Correm de cambulhada, paralelamente, entrecruzam-se, inundam uma à outra: é um mar de fenômenos eternamente em movimento e flutuante, (...) a pulsação viva da Revolução e, ao mesmo tempo, sua mais poderosa roda motriz, (...) o próprio movimento da massa proletária[23].

Panteísmo? Determinismo?

O tom um tanto lírico, épico, até, com o qual Rosa se exprime aqui, pode surpreender o leitor não iniciado. Mas a intuição penetrante que ela tem do movimento elementar espontâneo das massas, o modo pelo qual ela o compara a fenômenos da natureza, é um dos traços mais originais de sua personalidade excepcional, um dos que lhe conferem um lugar à parte no marxismo. Ele tinha sua origem, segundo alguns, em uma espécie de panteísmo, em um estado de comunhão universal com tudo o que é vivo. Sua biógrafa e amiga neerlandesa, Henriette Roland-Holst, observou: "Ela tinha uma fé mística nas massas revolucionárias e em suas capacidades. Esta fé estava ligada, para ela, à fé na força criadora, jamais vencida, da vida"[24]. Mas, a opinião da biógrafa, ela mesma acometida de religiosidade, só deve ser aceita com reservas.

Em carta escrita, muito mais tarde, da prisão a outra amiga, Mathilde Wurm, Rosa ainda recorre a imagens

23. *G.M.*, passim.
24. Henriette Roland-Holst, *Rosa Luxemburg*, Zurique, 1937, 46, 148, 152.

marinhas para chegar aos segredos da força e da versatilidade, também; do movimento de massas:

> A alma das massas encerra em si, como a *Talata*, o mar eterno, todas as possibilidades latentes: calmarias mortais e tempestades enfurecidas, covardia mais abjeta e heroísmo exacerbado. As massas (...) são sempre o que é necessário que sejam em função das circunstâncias e estão sempre a ponto de tornar-se algo totalmente diferente do que parecem ser. Estranho capitão, na verdade, o que pilotasse o seu navio em função do aspecto momentâneo da superfície das ondas e que não soubesse prever, pelos sinais provenientes do céu e das profundezas, a chegada de tempestades[25].

Notar-se-á aqui que Rosa viu-se acusada de determinismo[26]. Ela aprendeu com seus mestres marxistas, sem dúvida, que as massas são espontâneas apenas quando condições objetivas lhes permitem ser. As "leis de bronze da evolução"[27] são mais fortes que o seu humor momentâneo. Eles só se revoltam quando a história lhes oferece a ocasião e os meios. Mas que não se tome esse materialismo histórico por fatalismo! Sem dúvida, ela tem o cuidado de precisar, "os homens não fazem a sua história de ponta a ponta. Mas fazem-na sozinhos". Obviamente,

> o proletariado em sua ação depende do desenvolvimento social, da época, mas a evolução socialista não se faz tampouco fora do proletariado. Este é o seu impulso e sua causa, como também seu produto e conseqüência. Sua ação faz parte da história, contribuindo para determiná-la[28].

Há uma interação constante entre o sujeito e o objetivo.

Rosa explica a uma amiga:

> A vontade humana deve ser estimulada até o extremo e deve-se lutar conscientemente com todas as forças. Mas penso que o efeito desta intervenção consciente sobre as massas depende (...) de causas elementares, profundamente escondidas, da histó-

---

25. Carta de R.L. a Mathilde Wurm, 16 de fevereiro de 1917, em R.S., *Briefe an Freunde...*, Hamburgo, *1950, 47.*

26. Roland-Holst, cit., 137.

27. R.L. a Mathilde Wurm, cit.

28. *La Crise de la social-démocratie*, redigido em abril de 1915, Ed. La Taupe, Bruxelas, 1970, 67.

ria (...) Não esqueça acima de tudo: estamos ligados às leis da evolução histórica e elas nunca falham[29].

Durante a Primeira Guerra Mundial, depositará confiança "na corajosa toupeira da história que escava noite e dia até abrir uma saída para a luz"[30]. Paciência!

A história fez voar pelos ares muito do esterco que lhe barrava o caminho. Ainda desta vez ela fará o necessário. Quanto mais as coisas parecem sem esperança, mais a limpeza será radical[31].

A revolução alemã havia de estourar alguns meses mais tarde.

O Partido Subestimado?

Apesar de ter sido criticada por idealizar o movimento de massas ou por empregar, ao analisá-lo, um vocabulário que pode parecer "idealista", Rosa, no ponto em que nos achamos, formulou a seu respeito observações, propôs interpretações que os marxistas dificilmente podem contestar. Mas abordaremos agora um terreno em que ela irrita ou, pelo menos, inquieta muitos deles. Pois, não satisfeita em enfatizar a espontaneidade revolucionária, teceu as mais expressas reservas sobre a capacidade das organizações políticas conscientes, levantou muitas de suas carências em relação à iniciativa criadora da classe operária. Sustenta que, em múltiplas ocasiões revolucionárias, a "vanguarda" consciente, longe de anteceder e longe de, como ela pretende, "dirigir", está, na realidade, à retaguarda do movimento de massas. Mas, como poderia um marxista de rigorosa obediência escandalizar-se com isso já que o próprio Trotsky, depois dela, admitira que as massas se acharão, em alguns momentos da Revolução russa de 1917, "cem vezes" mais à esquerda do que o partido?[32]

Já no fim de 1899, a respeito do caso Dreyfus, Rosa Luxemburgo deplorava a "repugnância instintiva,

---

29. R.L. a Marthe Rosenbaum, 1917 (s.d.), *Briefe an Freunde*, 149.
30. *Ibid.*, abril de 1917, 160.
31. *Ibid*, fevereiro de 1918, 222.
32. Trotsky, *Histoire de la Révolution russe*, cit., II, 297.

natural" das formações socialistas revolucionárias francesas (guesdistas e blanquistas) "para com todos os movimentos espontâneos de massas, *que consideram um inimigo ameaçador*"[33].

Ainda com respeito à greve geral belga de 1902, Rosa observara uma discordância flagrante entre a combatividade operária e o comportamento dos dirigentes socialistas. Antes que o conflito eclodisse, os últimos haviam alimentado a "esperança silenciosa mas evidente ou, pelo menos, o desejo de retomar a vantagem, se possível sem greve geral". Uma vez travada a luta, eles a "acorrentaram antecipadamente nas malhas da legalidade", fato que Rosa compara "a uma demonstração de guerra com canhões cuja carga tivesse sido anteriormente lançada à água sob os olhos do inimigo". Eles perderam a confiança na ação das massas populares, descartaram o "espectro ameaçador do livre curso do movimento popular, o espectro da revolução"[34]. Refrearam "a violência da classe operária, pronta a qualquer momento para entrar em ação em caso de necessidade" e sua ação legalista tornara-se "um passatempo tão absurdo quanto o de tirar água com uma escumadeira". E emitia este severo julgamento:

> Se a social-democracia quiser se opor às revoluções que se apresentam como uma necessidade histórica, o único resultado será ter transformado a social-democracia de vanguarda em retaguarda ou em obstáculo ineficaz da luta de classes que, no final das contas, triunfaria sofrivelmente sem ela e, eventualmente, até contra ela[35].

A experiência das grandes lutas sociais que se desenrolaram na Rússia antes de 1904 levou Rosa a conclusões ainda mais críticas:

> A iniciativa e a direção consciente das organizações socialistas representaram apenas um papel insignificante. Isto não se explica pelo fato de que estas organizações não estavam especialmente preparadas para tais acontecimentos e menos ainda pela ausência de uma instância central todo-poderosa, como preconiza Lenin. Ao contrário, é bastante provável que a existência de uma direção

---

33. *Le Socialisme en France,* cit., 76.
34. *G.S.,* 20-21.
35. *Ibid.,* 38, 36.

semelhante somente aumentaria a confusão dos comitês locais, acentuando o contraste entre o ataque impetuoso da massa e a posição hesitante do socialismo.

E Rosa não se constrange em dizer: o partido desempenha um papel naturalmente *conservador*[36].

Esta opinião encontra-se mais reforçada pelo espetáculo extraordinário oferecido pelo desencadeamento da Revolução de 1905. O partido socialista russo participou, sem dúvida, da revolução, mas não foi o autor dela. Pôde aprender as leis durante os acontecimentos apenas, pois "revolução não se aprende na escola". Desde 1899, Rosa insistira no fato de que os princípios socialistas "aprendem-se tão pouco nos cadernos e nas conferências quanto natação em uma sala de aula". "Apenas no alto-mar" da luta que se forma o proletariado[37]. O socialismo russo encontrava-se freqüentemente desorientado: "A greve de massas não é produto artificial de uma tática imposta pelo socialismo, mas um fenômeno histórico natural, nascido do solo da revolução".

Não foi simplesmente porque o socialismo na Rússia ainda era jovem e frágil que teve tantas dificuldades e demorou tanto para tomar a direção das greves, para conseguir a batuta de chefe de orquestra. Quando todas as bases da sociedade partem-se e desmoronam, quando enormes massas populares entram em cena, qualquer tentativa de dirigir antecipadamente o movimento "parecia uma atitude desesperada". Uma revolução desta amplidão e profundeza não se dirige "com lápis na mão, durante uma pacífica conferência secreta feita pelas instâncias superiores do movimento operário". E aqui, mais uma vez, Rosa, para se fazer entender melhor, recorre a metáforas marinhas e aquáticas: as iniciativas do partido socialista "são, no imenso balanço da revolução, como uma gota d'água no mar"; todas as previsões "são tão vãs quanto a pretensão de esvaziar o oceano com um copo d'água"[38].

Em carta aos Kautsky, datada de abril de 1906, ela condensa em algumas palavras a lição que tirou sobre

---

36. *Q.O.*, 215.
37. *Le Socialisme en France, cit.*, 78.
38. *G.M.*, 136-152.

o próprio palco da Revolução, para onde se dirigiu: "Mais uma vez, as massas mostraram-se mais maduras que os seus 'chefes' "[39].

Se o partido, na tempestade revolucionária, está, no mais das vezes, a reboque das massas, ele não pode, inversamente, fazer uma revolução sob encomenda, apertando um botão, lá onde o movimento elementar, espontâneo das massas brilharia por sua ausência.

> Está claro que não se pode desencadear, arbitrariamente, a greve de massas, mesmo se a decisão vier de instâncias supremas do partido socialista mais poderoso (...). Não está no poder do socialismo colocar em cena ou contra-ordenar revoluções a seu gosto (...), suscitar um movimento popular poderoso e vivo.

A Revolução "não cai do céu". "É extremamente difícil para um organismo dirigente do movimento operário prever ou calcular qual ocasião e quais fatores podem desencadear ou, não, explosões." Não se trata de dar ordens arbitrariamente. No máximo, pode-se adaptar-se à situação e manter-se contato mais estreito com as massas[40].

Em Luta Contra a Social-Democracia

Rosa procura inculcar estes ensinamentos no partido socialista de seu país de adoção, a Alemanha. Como ele é poderosamente organizado e orgulha-se disso, como a sua direção é cheia de orgulho e entrou em um processo de burocratização, as chicotadas que lhe administra a militantes revolucionária são sentidas por ele de modo bem mais agudo do que a constatação de relativa carência do socialismo russo.

> Esse mesmo fenômeno — o papel insignificante da iniciativa dos órgãos centrais na elaboração da tática — observa-se na Alemanha como em toda a parte (...). O papel dos órgãos diretivos do partido socialista toma em larga medida um caráter conservador (...). Cada vez que o movimento operário conquista um novo terreno, estes órgãos trabalham-no até os limites mais extremos, mas transformam-no ao mesmo tempo em baluarte contra progressos posteriores de maior envergadura.

39. *Lettres aux Kautsky*, cit., Varsóvia, abril de 1906, 69.
40. *G.M.*, 134-135.

Assim fecham-se horizontes mais vastos[41].

Através dos anos e, principalmente, no decorrer das lutas políticas em favor do sufrágio universal na Prússia em 1910 e, depois em 1913, Rosa renovará, incansavelmente, em artigos fustigantes, suas advertências e críticas. A greve política de massas não é um remédio miraculoso que basta tirar dos bolsos para se ficar certo da vitória[42]. As greves de massas não podem ser "feitas" sob encomenda das instâncias supremas. Elas devem resultar da ação das massas[43]. A social-democracia não pode criar artificialmente um movimento revolucionário de massas. É necessário que preexistam condições econômicas e políticas que provoquem um aumento elementar da energia revolucionária das massas e que façam-na eclodir como uma tempestade[44].

A energia revolucionária das massas não se deixa engarrafar e uma grande luta popular não se deixa levar como uma parada militar (...)[45]. Separada desta energia e desta situação, transformada em manobra estratégica predeterminada há muito e executada com mão de ferro, a greve de massas só pode malograr nove vezes em dez.

A luta de classes não é – como sempre se esquece em nossas fileiras – produto da social-democracia. É o contrário: a própria social-democracia é apenas um produto tardio da luta de classes.

Mas um produto cada vez mais avariado.

Em 1913, Rosa não consegue reprimir uma denúncia ao "burocratismo" mecânico para o qual foi levado o partido, e ao centralismo que abafa até o último sopro de vida espiritual na massa. Imaginando que só ela tem vocação de fazer história, que a classe por si só não é nada e que ela deve antes ser convertida em partido antes que lhe seja permitido entrar em ação, a social-democracia torna-se um fator de bloqueio da luta de classes, de modo que,

41. *Q.O.*, 215.

42. "Wahlrechtskampf und Massenstreik", discurso no Congresso de Magdeburg, 1910, *G.W.*, IV, Berlim, 1928, 613.

43. "Die Theorie und die Praxis", *Neue Zeit*, 22 e 29 de julho de 1910, *G.W.*, IV, 595.

44. "Das Offiziösentum der Theorie", *N.Z.* 5 de setembro de 1913, *G.W.*, IV, 653.

45. *G.S.*, 49-50.

com o passar dos tempos, ele terá de correr atrás da classe operária e, contra a sua vontade, deixar-se literalmente domesticar por ela no combate, enquanto que deveria, ao contrário, adiantar-se a ela, a fim de resumir e acelerar o processo revolucionário.

Não se deve conduzir as massas trabalhadoras como o domador frente a animais ferozes, atrás de jaulas de ferro, nas mãos, pistolas e chicotes protetores. A impetuosidade das massas inorganizadas é, para nós, nas grandes lutas, bem menos perigosa do que a inconsistência dos chefes[46].

Mas, *hélas*, na Alemanha, onde a disciplina do partido e a dos sindicatos aprendeu sobretudo com as massas a contemporizar, o fogo da luta e o impulso ardoroso, indispensáveis, contudo, se se deseja desencadear uma greve de massas, não podem ser ressuscitados da noite para o dia artificial, magicamente, a uma ordem da direção do partido[47].

Alguns dias antes de ser assassinada, Rosa retomou o "fanatismo da organização" de que a social-democracia "se vangloriava": "Tudo devia ser sacrificado à 'organização', o espírito, os objetivos, a capacidade de ação do movimento"[48]. A organização matara a espontaneidade.

O Partido de Vanguarda?

Entretanto, Rosa não é, em absoluto, como foi acusada erradamente, cem por cento "espontaneísta". Ela insiste em acreditar no papel de uma vanguarda da política consciente. A despeito de tudo o que acaba de ser dito, ela proclama indispensável a direção das lutas por um partido revolucionário.

Em seu texto sobre a Revolução Russa de 1905, alternam-se passagens onde ela assinala as relativas carências do partido socialista, em contradição com as primeiras onde saúda a eficácia destas intervenções. A explosão, sem dúvida, foi espontânea.

46. "Taktische Fragen", 26-28 de junho de 1913, *G.W.*, IV, 639-642; – "Das Offiziösentum...", cit., 669.
47. "Zum preussischen Wahlrechtskampf", *Sozialdemokratische Korrespondenz*, 23 de maio de 1924, *G.W.*, IV, 685.
48. Artigo da *Rote Fahne*, nº 8, 8 de janeiro de 1919, em Gilbert Badia, *Les Spartakistes*, 1966, 215.

Mas, na forma pela qual o movimento foi impulsionado, manifestaram-se os frutos da propaganda feita durante vários anos pelo socialismo: durante a greve geral, os propagandistas socialistas ficaram na liderança do movimento, dirigiram-no e fizeram-no trampolim de uma poderosa agitação revolucionária.

Foram as organizações socialistas que apelaram para a greve. Embaralhada em suas contradições, ora escreve que elas foram feitas "em toda a parte", ora que foram feitas "mais de uma vez". Em Baku, por exemplo, os socialistas, durante várias semanas, em plena greve geral, dominaram inteiramente a situação. Um pouco em toda a parte, a greve forneceu a ocasião para que empreendessem uma propaganda ativa não somente para a jornada de oito horas, mas para as suas reivindicações políticas: direito de coalizão, liberdade de expressão e de imprensa, etc.[49].

E, passando do enunciado de fatos concretos a afirmações teóricas, endereçando-se, desta vez, à social-democracia alemã, Rosa não hesita em colocar os pingos nos ii:

> Deve-se assinalar que a iniciativa, bem como a direção das operações (...) cabem, naturalmente, à parte mais esclarecida e melhor organizada do proletariado, à social-democracia.
> A direção das greves de massas pertence à social-democracia e a seus organismos diretores (...). A social-democracia é levada, em um período revolucionário, a tomar-lhe a direção *política*. A tarefa mais importante de "direção", no período de greve de massas, consiste em emitir a palavra de ordem da luta, orientá-la, fixar a *tática* da luta política de tal maneira que, a cada fase e a cada momento do combate, seja realizada e posta em atividade a totalidade do poder do proletariado já empenhado e lançado na batalha e que este poder se exprima pela posição do partido na luta; é necessário que a tática da social-democracia jamais se encontre, quanto à energia e à precisão, abaixo do nível de relação de forças presentes, mas que, ao contrário, ultrapasse este nível.
> A social-democracia é a vanguarda mais esclarecida e mais consciente do proletariado. Ela não pode, nem deve, esperar com fatalismo, de braços cruzados, que se produza uma "situação revolucionária", nem que o movimento popular espontâneo caia do céu. Ao contrário, tem o dever, como sempre, de *adiantar* o curso das coisas, de procurar precipitá-lo (...). Para arrastar as camadas maiores do proletariado para uma ação política da social-democracia e, inversamente, para que a social-democracia possa tomar e manter

---

49. *G.M.*, 105, 111, 112.

a direção verdadeira de um movimento de massas e permanecer na liderança de qualquer movimento *no sentido político* do termo, é necessário que ela saiba, com toda a clareza e determinação, fornecer ao proletariado alemão, para o período de lutas que virão, uma *tática* e *objetivos*[50].

Pensou-se compreender, ao lê-la, que a espontaneidade das massas era o motor da ação revolucionária. Agora, parece que nada é possível sem os golpes de espora do partido.

Conduzir, inicialmente, esta ação política no sentido de uma tática enérgica, de uma ofensiva rigorosa, de modo que a massa se torne cada vez mais consciente de suas tarefas, eis o que pode o partido, eis o que também é seu dever[51].

Ele deve acautelar-se para que, quando a situação estiver delineada, não seja apenas a exasperação que leve as massas a pegar nas armas, mas para que eles entrem no campo de batalha "como um exército educado politicamente (...) sob a direção da social-democracia". Sem o que, as massas se precipitarão na luta, "não sob a nossa direção, mas em uma confusão caótica". Assim, a espontaneidade transforma-se aqui, na pena de Rosa, em "caos". Entretanto, reconhece que, sem dúvida, "são as massas e, não, nós que seremos chamados à decisão quando chegar a hora", mas logo completa: "É nosso dever dotá-las com a arma espiritual, com uma clara compreensão da importância do combate, da grandeza das tarefas e dos sacrifícios ligados a ele"[52].

A social-democracia, graças à sua inteligência teórica, introduziu, em uma medida jamais atingida, a consciência na luta de classes proletárias e presenteou-lhe com sua clara visão dos objetivos a atingir. Ela criou, pela primeira vez, uma organização duradoura de massas de trabalhadores e assim, dotou a luta de classes com uma sólida espinha dorsal.

Cabe ao partido colocar-se à frente das massas. Só ele pode liberar a energia das massas e modelá-la. Somente sua

---

50. *Ibid.*, 135, 137, 150-151.
51. "Die Theorie...", cit., *G. W.*, IV, 591.
52. "Wahlrechtskampf...", cit., *ibid.*, 613-614.

direção coerente pode permitir que as massas alcancem a vitória. "É necessário preparar as massas de modo tal que nos sigam com toda a confiança"[53]. "A social-democracia tem uma missão histórica de ser a vanguarda do proletariado."

Uma Síntese Malfeita?

É com o mesmo lirismo que exaltava a espontaneidade que Rosa atribui à social-democracia virtudes, por assim dizer, miraculosas. Ao fetichismo da espontaneidade se sucede (ou, antes, superpõe-se, pois os dois temas contraditórios estão estreitamente ligados) o fetichismo do partido.

Quando Rosa tenta misturar estas duas noções em um mesmo e único elixir, o resultado é bastante surpreendente[54]. Provemos um pouco desta singular beberagem. O poder do proletariado, diz ela,

funda-se em sua consciência de classe, em sua energia revolucionária, que é parida por esta consciência, e na política independente, resoluta e conseqüente da social-democracia que, sozinha, pode soltar esta energia das massas e moldá-la como fator decisivo da vida política"[55].

A "energia" em questão tem sua origem na massa ou no partido? Mistério.

Os discípulos mais qualificados de Rosa, como Paul Frölich e Lelio Basso, não imaginaram que a teórica pudesse perder-se nestes labirintos e empenharam-se em de-

---

53. "Taktische Fragen", cit., *ibid.*, 639-641.

54. Paralelamente à análise das contradições de Rosa que versam sobretudo sobre a Revolução de 1905, lembraremos que encontramos na *Histoire de la Révolution russe* de Trotsky exatamente as mesmas contradições entre os acontecimentos de 1917 relatados pelo autor (espontaneidade das massas, carências do partido) e a teoria que fez (crítica da espontaneidade, superestima dos partidos de vanguarda). Foi o que demonstrou Yvon Bourdet em ensaio convincente: "Le Parti révolutionnaire et la spontanéité des masses ou la controverse de Trotsky dans *L'Histoire de la Révolution russe*", *Noir et Rouge*, n.º 15-16, 1960, reproduzido em *Communisme et Marxisme*, 1963, 15-37.

55. "Schlag auf Schlag", 26 de junho de 1912, *G.W.*, IV, 372.

monstrar que, para ela, a auto-atividade das massas e a direção política casam-se em uma síntese harmoniosa e coerente[56].

Pode-se perguntar se a famosa síntese existiria apenas no papel. Este partido revolucionário ideal, que pretende atingir o proletariado ao mesmo tempo em que cultiva sua espontaneidade e evita refrear sua força elementar, onde, diabos, Rosa Luxemburgo descobriu na realidade? Não foi ela mesma que decretou o estado de relativa carência do socialismo no auge da explosão de massas?

Pensa-se sonhar quando vemo-la conferir à social-democracia alemã méritos, que ela sabia muito bem e, aliás, nunca escondeu, de que seu partido era tragicamente desprovido. Consagrou a quase totalidade de sua carreira a combater o revisionismo e o "cretinismo parlamentar", primeiro o dos Bernstein e dos Vollmar e, depois, o de seu amigo Kautsky, enquanto, por sua vez, o pedante teórico cambalhotava no reformismo; enfim, quando eclodiu a Primeira Guerra Mundial, ela atacou com vigor másculo o social-patriotismo. Algumas de suas cartas íntimas, endereçadas a uma amiga, traem, mais ainda que seus textos públicos, o seu desalento, o seu ceticismo quanto a um possível restabelecimento de um partido cada vez mais mergulhado no "lodo" do oportunismo[57].

O partido ideal? Ela sabia muito bem que o tipo de organização autoritária, hierarquizada, ultracentralizada, submetida a uma disciplina de ferro, da qual Lenin se faz ao mesmo tempo advogado e criador, também não era o pássaro raro capaz de conciliar com eficácia a espontaneidade e a consciência. Desde 1904, ela clamava uma patética advertência:

> O ultracentralismo recomendado por Lenin parece-nos, em sua inteira substância, produzido não por um espírito positivo e criador, mas pelo espírito estéril do guarda-noturno. Toda a sua preocupação consiste em controlar a atividade do partido e, não, em *fecundá-la*, em *encolher* o movimento em vez de *fazê-lo expandir*.

---

56. Frölich, "Zum Streit üben die Spontaneität", *Aufklärungen*, 1953; – Lelio Basso, prefácio a *Scritti Politici* de R.L.,

57. Cartas de 27 de outubro e de 17 de dezembro de 1904 em Roland-Holst, *cit.*, 210-216.

Rosa não via "perigo maior para a social-democracia russa" que a concepção leninista de organização, "pois nada entrega, mais fácil e mais seguramente, um movimento operário ainda jovem à sede de poder dos intelectuais, do que esta couraça burocrática em que ele está encerrado"[58].

Mas que partido? Que vanguarda?

Spartakus, a Solução?

A falência da social-democracia e do socialismo internacional levará Rosa, enfim, após longas hesitações finalmente varridas pela revolução alemã, a admitir uma cisão diante da qual ela recuara por tanto tempo. Mas apenas às vésperas de sua morte, sob os golpes de um assassino, acreditará ter achado, enfim, o embrião de um partido revolucionário de novo tipo, que não fosse afligido pelas taras nem da social-democracia nem do leninismo, portanto, apto a pôr em prática a síntese que, às apalpadelas ela procurara durante a sua vida demasiado curta.

Como está dito da deliberação do congresso constitutivo (30 de dezembro de 1918 — 1º de janeiro de 1919) dessa formação, improvisada um dia antes da derrota do Império alemão e da Revolução de 9 de novembro,

chegou a hora em que todos os elementos proletários revolucionários devem (...) construir um novo partido independente, com um programa claro, um objetivo preciso, uma tática homogênea, um máximo de decisão e de força, de atividade revolucionária como instrumento inabalável da revolução social que se inicia.

E no programa adotado pela Liga Spartakus podia-se ler:

A Liga Spartakus não é um partido que quer passar por cima das massas operárias, ou por meio destas próprias massas, para impor sua dominação; a Liga Spartakus quer apenas ser, em todas as ocasiões, a parte do proletariado mais consciente do objetivo comum, a que, a cada pedaço de caminho percorrido por toda a grande massa operária, chama esta à consciência de seus deveres históricos.

58. *Q.O.*, 216-222.

O objetivo socialista a atingir era

que a grande massa trabalhadora deixe de ser uma massa dirigida mas, ao contrário, passe a viver por si mesma toda a vida política e econômica, a dirigi-la com sua autodeterminação, sempre mais consciente e mais livre.

Todos os órgãos de dominação burguesa deviam ser liqüidados: governo, parlamento, municipalidade. A classe operária devia apossar-se do poder através de seus próprios órgãos de classe, os conselhos de operários e de soldados e apropriar-se, efetivamente, de toda a direção da produção.

Em seu *Discurso sobre o Programa*, Rosa comentou:

O socialismo não será feito e nem pode ser realizado por decretos e nem, tampouco, por um governo socialista, por mais perfeito que seja. O socialismo deve ser feito pelas massas, por cada proletário (...) Devemos, no futuro, antes de tudo, edificar e ampliar, em todos os sentidos, o sistema de conselhos de operários e de soldados e, principalmente, os conselhos operários (...). Os trabalhadores devem ter todo o poder no Estado (...). Não basta, como na revolução burguesa, derrubar o poder oficial central e substituí-lo por um par ou por algumas dezenas de novos homens. Precisamos trabalhar de baixo para cima, conquistar o poder político não pelo alto, mas por baixo.

E, retomando uma idéia que lhe era cara há muito (ver páginas 23-25), a da fusão dialética da ciência e da classe operária, Rosa acrescentava: "A massa deve, exercendo o poder, aprender a exercê-lo. Não há outro meio de lhe inculcar".

Ao mesmo tempo, Spartakus rompia de vez com os sindicatos operários que, de modo infame, se desonraram, após tantos anos na Alemanha e, muito mais ainda depois de terminada a guerra, na colaboração de classes, na petrificação burocrática e, para finalizar, na traição. Na terceira seção do congresso constitutivo da Liga Spartakus, Rosa anunciava o seu fim:

Não são mais organizações operárias, mas protetores mais sólidos do Estado e da sociedade burguesa (...). A luta pelo socialismo não pode ser levada (...) sem acarretar a da liquidação dos sindicatos[59].

59. André e Dori Prudhommeaux, *Spartacus et la Commune de Berlin*, Cahiers Spartacus, outubro-novembro de 1949, 44, 97, 91, 80, 86-87.

Em suma, a Spartakus esforçava-se em reproduzir na Alemanha, o modelo russo do fim de 1917 e da primeira metade de 1918, em que os bolchevistas tinham, por curto período, *concedido* "todo o poder aos sovietes".

Contudo, se Rosa se calava ou, mais exatamente, se seus amigos haviam-na impedido de exprimir publicamente sua opinião sobre o bolchevismo, a fim de não desmoralizar os trabalhadores alemães em plena revolução, sabia sem dúvida alguma em que ponto a realidade soviética afastava-se da socialização ideal proposta pela Liga Spartakus. Confessara isto, confidencialmente, em um panfleto que só seria impresso bem mais tarde, muito tempo depois da morte de sua autora[60]. Ela não ignorava, no entanto, no momento de fundar um partido revolucionário alemão, que a democracia dos conselhos operários do tipo soviético durara apenas alguns meses e que já dera lugar, na Rússia, a um regime estático draconiano, onde grassava o "poder ditatorial dos inspetores de fábrica", sabia que a paralisação estendia-se à vida nos sovietes e que a burocracia permanecia o único elemento ativo. O poder real não se encontrava nas mãos dos operários e seus conselhos, mas nas mãos de uma dúzia de chefes de partido. Quanto à classe operária, era "convidada, de tempos em tempos, a assistir a reuniões para aplaudir os discursos dos dirigentes e votar unanimemente nas deliberações propostas". Não era "a ditadura do proletariado, mas a ditadura de um punhado de políticos, quer dizer, no sentido burguês, no sentido da hegemonia jacobina". Uma ditadura, sim, admitia Rosa, mas tal ditadura teria de "ser a obra da *classe* e não de uma pequena minoria que dirige em nome da classe"[61].

Assim, pois, a síntese entre espontaneidade e "direção", que a Spartakus acreditava achar no calor da revolução, não era frágil e contestável? Não se inspirava em um modelo exterior cujas carências já eram visíveis a olho nu? Ademais, Spartakus, para a sua desgraça, durou apenas o espaço de uma manhã; não teve tempo, portanto, de estruturar sua organização e seus métodos de ação, nem de efetivar suas relações com o novo poder operário, ou seja, com o

---

60. *R.R.*, publicado em 1922 em alemão.
61. *Ibid.*, trad. francesa, 84, 85, 87, 88.

conselho central dos conselhos de operários e de soldados. Nem bem nascera, foi esmagada por uma brutal e sangrenta repressão contra-revolucionária. E o foi, de um lado, porque logo se deixou levar, aos 5 de janeiro de 1919, por uma insurreição operária espontânea, advinda de uma provocação do adversário de classe e que representou o papel de uma armadilha mortal. Os chefes da Liga Spartakus achavam esta sublevação "inoportuna, perigosa, sem saída". Mas, com a preocupação de "aderir" às massas, foram em frente[62]. Era, para eles, segundo Rosa, uma "questão de honra".

No início de março de 1919, nova provocação, novo movimento operário, nova derrota, ainda mais séria. Rosa Luxemburgo e Karl Liebknecht foram assassinados no dia 15 de janeiro; Leo Jogiches, o fiel companheiro de Rosa, no dia 10 de março. Era o fim dos conselhos de operários e de soldados e da auto-atividade das massas, de tudo aquilo por que Rosa trabalhara e lutara. Mas era, ao mesmo tempo, a entrada em cena do Partido Comunista Alemão, filho desnaturado da Spartakus, instrumento cada vez mais servil, de ano em ano, nas mãos autoritárias do Kremlin[63].

A procura de Rosa Luxemburgo permaneceu, portanto, inacabada tanto no plano da teoria quanto no da prática.

---

62. Badia, cit., 261 e último artigo de R.L.: "L'ordre règne à Berlin", Rote Fahne, n? 14, 14 de janeiro de 1919, Badia, 239.

63. Cf. D.G., "Un exemple d'inefficacité: le Parti communiste allemand 1919-1933", em Pour un marxisme libertaire, 1969, 169-185.

CAPÍTULO II

Rosa e a Greve de Massas

Examinamos, até o presente, o problema da espontaneidade revolucionária em seu aspecto mais geral e mais abstrato. Resta agora estudar mais de perto o meio de ação que, aos olhos de Rosa, era o veículo mais autêntico e mais eficaz da espontaneidade: o que ela chamava de greve de massas.

Origens da Greve "Política"

Tão opostos aos libertários, tão atolados no lamaçal do parlamentarismo quanto foram, os teóricos da social-democracia alemã compreenderam, em boa hora, a importância da greve chamada política. É que tiveram sob as vistas, além da lembrança do cartismo britânico, duas outras experiências memoráveis das greves gerais belgas vitoriosas de maio de 1891 e de abril de 1893 em favor do sufrágio universal. Também, pouco tempo após a segunda, Eduard Bernstein publicava, no *Neue Zeit*, um artigo sobre "a greve como meio de luta política". Nele, considerava a greve do tipo belga como uma arma útil da luta política, a ser utilizada, no entanto, somente em casos excepcionais. Quando o descontentamento popular fosse suficientemente profundo, a greve política poderia ter os mesmos efeitos que os produzidos, há tempos, pelas barricadas. Contudo, tal greve exigia um proletariado educado e "boas" organizações operárias, bastante fortes para exercer influência sobre os inorganizados. "Uma greve assim, conduzida, ao mesmo tempo, cuidadosa e energicamente, pode, em momento decisivo, fazer pesar a balança em favor das classes laboriosas." Ela seria recomendada nos países em que o sufrágio universal ainda estava sujeito a restrições. Apesar de todas estas reservas cautelosas, Bernstein não deixava de admitir o princípio da "luta extraparlamentar" por meio da greve chamada "política"[1]. Kautsky, no congresso socialista internacional de 1893, apresentou uma exposição no mesmo sentido.

Depois deles, na mesma *Neue Zeit*, Alexandre Helphand, chamado Parvus, marxista original e audacioso, publicava um estudo mais revolucionário que o de Bernstein, sob o título "Golpe de Estado e greve de massas políticas". Lendo-o, crer-se-ia que ele antecipa o Maio de 68 francês:

A greve política de massas diferencia-se de outras greves pelo fato de que o seu objetivo não é a conquista de melhores condições de trabalho, mas tem por alvo mudanças políticas precisas; visa, não particularmente os capitalistas, mas o governo. No entanto, como uma greve assim pode atingir o governo? Ela o atinge pelo fato de que a ordem econômica da sociedade está subvertida (. . .). As classes médias são arrastadas a uma comunhão de sofrimentos. A irritação cresce. O governo torna-se cada vez mais desconcertado à medida que a greve abraça maior número de pessoas e dura muito mais tempo (. . .) Quanto tempo um governo, sob a pressão de uma paralisação maciça de trabalho poderá agüentar em meio à fermentação geral? Isto depende da intensidade da exasperação, da atitude do exército, etc. (. . .). Se é difícil, com o tempo, fazer com que uma greve de massas dure, é mais difícil ainda, para o governo, pôr fim a um movimento geral de protesto político.

O governo não poderá mais levar à capital tantas tropas quanto no tempo das barricadas. O movimento desenvolver-se-ia na província com uma força até então desconhecida. "Quanto mais a greve de massas se prolonga,

---

1. Eduard Bernstein, "Der Strike als politisches Kampfmittel", *Die Neue Zeit*, 1893-1894, 688-695.

quanto mais a decomposição ganha o conjunto do país, mais a moral do exército torna-se vacilante, etc."[2].

Na França, é o social-democrata Jaurès que intervém na luta. Em dois artigos, ele admite que uma greve geral política poderia ser fecunda. Entretanto, combina esta tomada de posição com todas as espécies de advertências exageradamente pessimistas, às quais os amanhãs de maio--junho de 1968 conferem, no entanto, uma certa atualidade:

> Os partidários da greve geral são obrigados a triunfar na primeira vez. Se uma greve geral (...) malograr, ela terá deixado de pé o sistema capitalista, mas o terá armado com um furor implacável. O temor dos dirigentes, e, até, de uma grande parte da massa ganha livre curso em uma longa seqüência de anos de reação. E o proletariado por muito tempo, estará desarmado, esmagado, amarrado (...). A sociedade burguesa e a propriedade individual encontrarão os meios (...) de se defender, de reunir, pouco a pouco, na própria desordem e confusão da vida econômica subvertida, as forças de conservação e de reação.

Surgirão, através da prática de esportes e de treinamento militar, as milícias contra-revolucionárias. "Lojistas desesperados serão capazes até de uma ação física bastante corajosa." Entretanto, admite, a greve geral, mesmo se não triunfasse, seria "uma advertência colossal para as classes privilegiadas, uma ameaça surda que atesta uma desordem orgânica que só uma grande transformação pode curar"[3].

A Greve de Massas Oficializada

No ano seguinte, Rosa Luxemburgo, no *Neue Zeit*, aborda pela primeira vez o problema da greve geral. Ela manifesta-se a seu favor, contanto que, admite, a greve seja somente circunstancial e batizada de "greve política de massas" para melhor diferenciá-la da greve geral chamada anarquista. Se Rosa faz suas algumas das críticas da social-demo-

---

2. Parvus (pseudônimo de Alexandre Israel Helphand), "Sataatsstreich und politischer, Massenstreik", *Neue Zeit*, 1895--1896, II, 362-392.

3. Jean Jaurès, *La Petite République*, 20 de agosto a 1º de setembro de 1901, *in* Hubert Lagardelle, *La Grève générale et le socialisme. Enquête internationale*, 1905, 102-112.

cracia contra esta última concepção, acrescenta, no entanto: "É até aí e *não mais além* que vão os argumentos tão freqüentemente formulados pela social-democracia contra a greve geral". E rejeita categoricamente "o brilhante golpe de espada do velho Liebknecht" contra qualquer forma de greve geral e, principalmente,

a afirmação de que a realização de uma greve geral tem por condição prévia um determinado nível de organização e de educação do proletariado, que tornaria a própria greve geral supérflua e a tomada do poder político pela classe operária indiscutível e inevitável.

Rosa vê bem que esta pretensa condição prévia de organização cotidiana e de educação de massas operárias dissimula, na realidade, uma opção reformista e parlamentarista, a exclusão da violência na qualidade de meio de luta, o medo da repressão. A legalidade do Estado capitalista repousa na violência. A legalidade burguesa e o parlamentarismo são apenas o biombo da violência política da burguesia.

Enquanto as classes dominantes apóiam-se na violência (...) o proletariado sozinho deveria, na luta contra essas classes, renunciar de antemão e de uma vez por todas à sua utilização.
Seria abandonar o terreno à dominação ilimitada da violência reacionária[4].

Rosa tinha que enfrentar um adversário forte. A greve política de massas amedrontava ao mesmo tempo o partido social-democrata e a confederação dos sindicatos. O primeiro, por aferrar-se às virtudes exclusivas do "cretinismo parlamentar" e por ver na ação direta uma ameaça contra esse legalismo ao qual apegava-se tanto; a segunda, porque não queria, por nada deste mundo, correr riscos, colocar em perigo a prosperidade e a estabilidade da organização sindical, esvaziar seus cofres tão cheios, conceder aos inorganizados — indignos — atribuições que teriam atentado contra o sacrossanto monopólio dos organizados. Além disso, a legislação imperial reprimia mui severamente as greves (penas de prisão e até de trabalhos forçados para

4. *G.S.*, 31-32, 36-37, 41.

os grevistas) e o poderoso exército alemão estava preparado para intervir nos conflitos trabalhistas[5].

Todavia, em sua defesa da greve política de massas, Rosa beneficiou-se, por algum tempo, do apoio, não menosprezável, do teórico da social-democracia, adversário do "revisionismo", Karl Kautsky. Este admitia, pelo menos no princípio, que a arma do sufrágio universal não seria suficiente para vencer o adversário de classe e que seria necessário juntar a ela, chegado o dia, as armas da ação direta, da greve generalizada. No congresso de Dresden da social-democracia, em 1903, ele não hesitou em apoiar com seus votos uma moção anarquista desse mesmo Dr. Friedeberg (ver mais adiante pp. 60-61) a favor da greve geral que, não obstante, este apoio, foi rejeitada por maioria esmagadora. No congresso do partido, em Bremen, em 1904, Kautsky, mais uma vez, fez-se advogado da greve geral com Karl Liebknecht e Clara Zetkin, mas ainda desta vez não teve ganho de causa[6].

O congresso socialista internacional de 1904, Amsterdã, consagrou um debate bastante longo ao problema da greve política. Tendo sido, mais uma vez, rejeitada uma moção do Dr. Friedeberg, adotou-se, com grande maioria de votos, uma resolução de compromisso apresentada pelo Partido Socialista Holandês. Tal resolução concedia aos reformistas que "as condições necessárias ao êxito de uma greve de grande vulto são uma forte organização e uma disciplina voluntária do proletariado" e aos anti-revisionistas que era "possível" que uma greve estendida a grandes setores da vida econômica, "poderia ser um meio supremo de efetuar mudanças sociais de grande importância", mas a greve política de massas fora prudentemente adiada para um futuro mais ou menos longínquo "se, um dia, for necessária e útil"[7].

---

5. Foi em vão que, no congresso socialista internacional de 1904, um socialista libertário, o Dr. Friedeberg, sugeriu que justamente por esta razão os sindicatos dessem a seus membros uma formação antimilitarista, como fazia a C.G.T. francesa: Friedeberg, *Parlamentarismus und Generalstreik,* Berlim, agosto de 1904, 29-30.

6. Lagardelle, cit., 217, 235-252, 282-283, 292, 302, 306.

7. Dr. R. Friedeberg, cit.; – Robert Brécy, *La Grève générale en France,* 1969, 72; – *Sixième Congrès international tenu à Ams-*

Enquanto a social-democracia alemã perdia tempo nestas discussões acadêmicas, a luta de classes na Rússia colocava brutalmente a greve geral na ordem do dia. De sua parte, León Trotsky, que então residia em Munique, apoiando-se na experiência do que foram "os movimentos impetuosos da greve de 1903", chegara "à conclusão de que o czarismo seria derrubado pela greve geral contra cujo fundo se multiplicariam abertamente os choques revolucionários". Esta opinião era também a de Parvus, a quem Trotsky acabara de conhecer. Parvus já a havia desenvolvido em artigo datado de agosto de 1904 e ele prefaciou o panfleto redigido por seu novo amigo no final de 1904. Afirma neste trabalho que a arma decisiva da revolução iminente seria a greve geral[8].

Entretanto, no congresso dos sindicatos operários alemães em Colônia, em maio de 1905, a greve política de massas amalgamara-se à greve geral anarquista e as duas foram tratadas, indistintamente, como "corda que se passa ao redor do pescoço da classe operária" para estrangulá-la. Rosa Luxemburgo, contrapondo-se a estes tristes fundamentos, exaltou "este método de luta que encontrava na Rússia uma aplicação grandiosa e inesperada que para todo o mundo trabalhador iria ser um ensinamento e um exemplo"[9].

No congresso da social-democracia em Iena, setembro de 1905, Rosa fez-se defensora ardente da greve política de massas:

> Se ouvirmos aqui os discursos já pronunciados no debate (...), devemos, na verdade, pôr a cabeça por entre as mãos e perguntarmo-nos: vivemos verdadeiramente no ano da gloriosa Revolução Russa? (...) Vocês lêem diariamente na imprensa as notícias da Revolução (...), mas parece que não têm olhos para ver, nem ouvidos para ouvir (...). Temos diante de nós a Revolução Russa e seríamos burros se não aprendêssemos nada com ela.

terdam du 14 au 20 août 1904, compte rendu analytique, Bruxelas, 1904, 45-58.

8. Trotsky, *Avant le 9 janvier,* panfleto, começo de 1905, prefaciado por Parvus, *Sochineniya* (Obras de Trotsky em russo), vol. II, livro I, Moscou, 1926-1927; – Zeman e Scharlau, *The Marchant of Revolution* (vida de Parvus), Londres, 1965, 66-68, 76-78, 87, 89.

9. "Die Debatten in Köln", 30-31 de maio de 1908, *G. W.,* IV, 395; v. Documento nº 5, pp. 89-91.

Algumas semanas mais tarde, ela acrescentava em um artigo:

> Não faz muito tempo, considerava-se este meio [a greve de massas] como algo um tanto quanto estranho à luta de classe proletária e socialista, como algo vazio de qualquer conteúdo e inútil de discutir. Hoje, sentimos juntos que a greve geral não é um conceito inerte, mas um fragmento vivo da batalha. O que trouxe esta reviravolta? A Revolução Russa! (...). Hoje vemos, claramente, sob que forma a luta violenta para a derrubada do absolutismo se apresenta. A greve de massas executada com tais resultados na Revolução Russa operou uma reviravolta em nossa apreciação sobre o assunto.

A convicção ardente de Rosa consegue abalar o imobilismo do velho centrista do partido, August Bebel, que não se opôs à adoção de uma resolução em que, através de todos os tipos de restrições, não se deixou de declarar que, dadas as circunstâncias, um amplo recurso à greve de massas poderia ser um meio de luta eficaz. Apesar do que chamava as "banalidades" de Bebel, Rosa não deixou de considerar o voto desse texto como uma relativa vitória e nos anos posteriores, referir-se-ia a ele incessantemente para envergonhar a social-democracia por sua infidelidade à moção de Iena, por sua repulsão à ação direta[10].

Quando, no congresso seguinte do partido, em Mannheim, 1906, o líder dos sindicatos, Legien, atacou durante uma hora inteira a resolução do ano precedente e seus pretensos malefícios, Rosa respondeu-lhe colocando-se habilmente em seu próprio terreno, o da defesa do movimento sindical: "O senhor, visivelmente, não tem nenhuma idéia a respeito do fato de que o poderoso movimento sindical russo é um filho da Revolução (...), nascido na luta"[11].

---

10. Discurso no congresso de Iena da social-democracia, 1905, *G.W.*, IV, 396-397; – *Protokoll...* (do congresso de Iena), 1905; – artigo de 7 de novembro de 1905, *G.W.*, IV, 398-402; – cartas de R.L., fim de setembro e 2 de outubro de 1905, *in* J.-P. Nettl, *Rosa Luxemburg*, 1966, I, 307 (a carta de 2 de outubro está reproduzida em francês, na introdução de Paul Frölich à *Grève de masses...*, ed. Masparo, 1964).

11. "Gegen das Abwiegeln", discurso no congresso da social-democracia em Manheim, 1906, *G.W.*, IV, 480-481.

Contágio do Exemplo Russo

Entrementes, Rosa fora a seu país natal, em plena ebulição revolucionária, participando aí da insurreição de Varsóvia e trouxera da viagem o brilhante panfleto, *Greve de Massas, Partido e Sindicatos,* cujo objetivo principal era fustigar o movimento sindical alemão, sua estreiteza de visão, seu burocratismo, sua necessidade confessada de repouso, seu pavor de risco e, conseqüentemente, a repugnância que lhe inspirava a greve política de massas. Rosa fustigava-o com todas as forças, fazendo reviver diante dos olhos deles, a flamejante experiência que acabara de ser a Revolução Russa de 1905. Contudo, a demonstração ia mais longe. Ela reduzia a pedaços a atitude tradicional da social-democracia internacional em relação à greve de massas, encerrada, desde Engels, em um dilema demasiado simplista: ou o proletariado é ainda fraco do ponto de vista de organização e recursos — logo, não pode arriscar-se em uma greve geral; ou ele já é organizado poderosamente o bastante — logo, não tem necessidade do recurso ao "desvio" da greve geral para alcançar os seus objetivos[12].

E Rosa afirma:

> Hoje, a Revolução Russa submeteu este argumento a uma revisão fundamental; pela primeira vez, na história das lutas de classes, ela conseguiu uma realização grandiosa da idéia de greve de massas (...), inaugurando assim uma nova época na evolução do movimento operário (...). A greve de massas, combatida há tempos como contrária à ação política do proletariado, surge hoje como a arma mais poderosa da luta política.

Rosa, com um otimismo um tanto excessivo, contrastando com seus julgamentos mais severos do fim de 1905 sobre o texto obtido em Iena, sustenta que,

---

12. Resumo por Rosa, de uma página de um panfleto de Engels de 1873. Bem mais tarde, em idade avançada, Engels escrevia um prefácio para *La lutte de classes en France* de Marx, batizada pelos sociais-democratas como o seu "testamento", em que escrevia idilicamente: "Prosperamos bem melhor pelos meios legais do que pelos meios ilegais e a desordem (...) Com esta legalidade, criamos músculos firmes e bochechas e respiramos a juventude eterna." *G.M.,* 93; – Friedrich Engels, *Die Bakunisten an der Arbeit,* 1873; – Prefácio de Engels, datado de 6 de março de 1895 a *La lutte de classes en France* de Karl Marx.

na resolução de Iena, a social-democracia deu-se conta oficialmente da profunda transformação realizada pela Revolução Russa

e

manifestou sua capacidade de evolução revolucionária, de adaptação às novas exigências da fase futura das lutas de classes.

Contudo, a greve de massas não é algo sobre o que se possa dissertar, mas que se *faz*. Chega de "ginástica cerebral abstrata" sobre sua possibilidade ou impossibilidade! Chega de "esquemas pré-fabricados"! O esquema teórico que se faz na Alemanha "não corresponde a nenhuma realidade". E Rosa põe-se a descrever os mil aspectos concretos que ela tomou espontaneamente na Revolução Russa. "Não existe país (...) em que se tenha pensado tão pouco em 'propagar' ou até em 'discutir' a greve de massas do que na Rússia." E, no entanto, ela surgiu aí, sem plano prévio, como uma torrente irresistível.

A greve de massas tal como no-la mostra a Revolução Russa é um fenômeno (...) instável (...). Seu campo de aplicação, sua força de ação, os fatores de seu desencadeamento transformam-se continuamente. Ela abre, repentinamente, à revolução, vastas perspectivas novas no momento em que esta parecia metida em um impasse. E recusa-se a funcionar quando se crê poder contar com ela seguramente.

Que não se tente, como alguns teóricos pedantes, sábias distinções entre "luta econômica" e "luta política"! Tais dissecções não permitem ver o fenômeno vivo, mas apenas um "cadáver". Longe de diferenciar ou até excluir um do outro, os dois fatores "constituem, em um período de greve de massas, dois aspectos complementares da luta de classes do proletariado".

E Rosa, voltando-se para a social-democracia alemã, insiste sobre o papel que representam os inorganizados em uma grande batalha de classes, papel geralmente subestimado: "O plano que consistiria em empreender uma greve de massas (...) com a ajuda apenas de operários organizados é absolutamente ilusório". Seria condenar-se "ao nada". "Quando a situação na Alemanha atingir o grau de maturidade necessária (...), as categorias mais atrasadas, e inorganizadas, hoje, constituirão, naturalmente, na luta, o elemento mais radical, mais impetuoso." E conclui: "A greve de massas surge, assim, não como um produto especificamente russo do absolutismo, mas com uma força universal da luta de classes proletária"[13].

Resistências da Social-Democracia.

No curso dos anos seguintes, a social-democracia, longe de confirmar as previsões e ouvir as exortações de Rosa, virou as costas com ódio cada vez maior à greve "política" de massas. Uma vez dissipado o contágio que a primeira Revolução Russa mais ou menos exerceu sobre o movimento operário alemão, a arma da greve de massas foi enviada à loja de acessórios de onde somente saiu em 1905 para o congresso de Iena com todos os tipos de reservas, dos "se" e dos "mas". O próprio Kautsky deu meia-volta: doravante, não era mais para a sua antiga companheira de luta um aliado, mas um adversário. Rosa, em carta a um amigo, evocando com amargura o panfleto que publicara em 1906 e que tinha, dizia ela, tratado "exatamente das questões que Karl Kautsky levanta hoje", acrescentava: "É patente que até mesmo os nossos *melhores* não digeriram verdadeiramente as lições da Revolução Russa".

Sempre pronto a tirar proveito da autoridade de seus papas, Kautsky invocara, então, o famoso testamento legalista de Engels (ver mais acima p. 51) contra a palavra de ordem da greve de massas[14].

O objeto da discórdia foi, em 1910, a contestação feita pela social-democracia, do escandaloso regime eleitoral que sobrevivia na Prússia. Benedikt Kautsky, um dos filhos de Karl, resumiu assim, em um "estudo biográfico" sobre Rosa Luxemburgo, a

> absurdidade de um sistema eleitoral que dava ao partido mais poderoso do Império apenas uma ridícula representação de sete

---

13. *G.M.*, *passim*.
14. Carta a Konrad Haenisch, 8 de novembro de 1910, *in Briefe an Freunde*, cit., 27; – "Ermattung oder Kampf", *G.W.*, IV, 546.

cadeiras no Landtag da Prússia. Uma democratização deste sistema não apenas destronou os fidalgos provindianos mas também abalou a sua aliança com o grande capital. Foi por isso que o governo prussiano recusou-se a fazer qualquer concessão. A social-democracia tinha, então, duas alternativas: ou entrar em luta aberta contra o poder, ou, então, por um tempo, renunciar às suas reivindicações. A direção do partido, angustiada, optou pela segunda solução, Rosa achou melhor pronunciar-se pela primeira. Ela pensava, de fato, ter encontrado o meio de ação que permitia a vitória: a greve de massas.

E o bom filho toma, contra a militante revolucionária, a defesa do papai:

Foi um erro cardeal comparar um czarismo fraco e atacado por todas as classes sociais com o governo alemão, bem organizado, armado até os dentes e apoiado pelas camadas preponderantes da aristocracia, da burguesia e da população camponesa. Seu conflito com Kautsky sobre este assunto não incidia sobre uma questão de audácia ou de covardia política, mas resultava de um erro de apreciação da relação de forças por Rosa Luxemburgo[15].

Rosa respondeu aos argumentos de Karl Kautsky evocando a famosa resolução do congresso de Iena que, assegura ela,

emprestou, oficialmente, do arsenal da Revolução Russa, a greve de massas na qualidade de meio de luta política e incorporou-a à tática da social-democracia (...). Era, então, o espírito da Revolução Russa que dominava as sessões plenárias de nosso partido em Iena. Quando, hoje, Kautsky atribui o papel da greve de massas na Revolução Russa ao estado atrasado da Rússia, quando faz assim um contraste, entre a Rússia revolucionária e uma Europa Ocidental parlamentar, quando adverte insistentemente contra os exemplos e métodos da Revolução, quando chega, por alusões, até a indicar a derrota do proletariado russo no passivo da grandiosa greve de massas ao final da qual, pretende ele, o proletariado só poderia estar acabado,

então, a adoção pela social-democracia alemã, cinco anos antes, da greve de massas segundo o modelo russo, "revela-se evidentemente, como um desacerto inconcebível (...). A atual teoria do camarada Kautsky é, na verdade,

15. Perfil biográfico de Benedikt Kautsky, *in Briefe an Freunde*, cit., 218-220.

uma revisão de cabo a rabo (...) das decisões de Iena".

E Rosa, seguindo sua demonstração, afirmava:

> É precisamente do isolamento político do proletariado na Alemanha, invocado por Kautsky, do fato de o conjunto da burguesia, inclusive da pequena burguesia, erguer-se como um muro atrás do governo, que decorre a conclusão de que cada grande luta política contra o governo torna-se, ao mesmo tempo, uma luta contra a burguesia, contra a exploração capitalista (...), que cada ação revolucionária de massas na Alemanha tomará, não a forma parlamentar do liberalismo ou a forma de luta antiga da pequena burguesia revolucionária (...), mas a forma política clássica, a de greve de massas.

A rude polemista tornava-se cada vez mais amarga:

> Se ainda fossem apenas os chefes sindicais que, na mais recente campanha pelo direito eleitoral, tivessem tomado partido abertamente contra a palavra de ordem da greve de massas, isto só teria esclarecido a situação e contribuído para fortalecer a crítica no seio das massas. Mas eles (esses "sacerdotes") não tiveram mesmo necessidade de intervir, foi antes por intermédio do partido e com a ajuda de seu aparelho que puderam jogar na balança toda a autoridade da social-democracia para frear a ação das massas, eis o que destruiu de um só golpe a campanha para o sufrágio universal. — Desta operação, o camarada Kautsky apenas compôs a música teórica[16].

Os círculos dirigentes do partido e, sobretudo, os sindicatos chegaram até a impedir que a questão de greve de massas fosse objeto de discussões públicas no decorrer da campanha legalista para o sufrágio universal na Prússia. De fato, receavam que bastava falar de greve de massas nas reuniões e na imprensa para que uma greve de massas "estourasse logo à noite". Apenas evocar a questão era, para eles, "brincar com fogo"[17].

Às vésperas da guerra mundial, cuja aproximação pressentia, Rosa Luxemburgo renovava seus apelos, desta vez patéticos, a favor da greve de massas. Além da luta, sempre a perseguir, para o sufrágio universal na Prússia e a defesa dos interesses operários, a nova época de imperialismo e militarismo, os progressos perigosos das forças

---

16. "Die Theorie und die Praxis", cit., *G.W.*, IV, 556-593.
17. "Wahlrechtskampf...", *G.W.*, IV, 609-611.

belicistas, o perigo de guerra permanente, escrevia ela, "colocam-nos diante de novas tarefas que não podemos afrontar somente com o parlamentarismo, com o velho aparelho e a velha rotina. Nosso partido deve aprender a iniciar as ações de massa, chegado o momento, e dirigi-las". Kautsky não admitia que vivíamos de algum modo "sobre um vulcão?" "E, em tal situação, bradava ela, Kautsky via para si apenas um dever: tratar de golpistas os que queriam conferir à social-democracia mais peso e gume, os que queriam arrancá-la da rotina!" No congresso da social-democracia em Iena, 1913, onde Rosa, mais uma vez, lutara em favor da greve de massas, desta vez contra Scheidemann, esta odiosa figura jogava-lhe na cara sua "irresponsabilidade" e sua "falta de escrúpulos", enquanto que Ebert, que presidia, chamava grosseiramente à ordem a corajosa oradora[18]. Assim, ela já era alvo de dois traidores que, após terem monopolizado o poder, aproveitando a Revolução alemã de 1918, a deixarão, ou a farão, ser assassinada.

18. "Taktische Fragen", *ibid.*, 643; – "Der Politische Massenstreik", discurso do 21 de julho de 1913, 650; – "Die Massenstreikresolution des Parteivorstandes", 11 de setembro de 1913, 670-671; – "Das Offiziösentum der Theorie", 661; – "Sich nicht von den Massen schleifen lassen!", discurso no congresso da social-democracia de Iena em 1913, 679-81.

CAPÍTULO III

Rosa e o Anarquismo

Nas páginas precedentes, deixamos, de propósito, um grande ausente nos bastidores, concedendo-lhe, no máximo, furtivas aparições no fundo do palco: o anarquismo. A clareza da análise exigia, de fato, que a espontaneidade revolucionária luxemburguiana fosse estudada nela mesma, exceção feita a seus pontos de contato com o pensamento libertário. Falta tirar o anarquismo da sombra. Vamos agora confrontar, tão perto quanto possível, a sua concepção de auto-atividade das massas com as de Rosa, fazer a difícil pergunta (pois o assunto é bastante complicado): estas duas maneiras de pensar estarão separadas por um abismo? Ou, pelo contrário, a teórica marxista achou que devia, de propósito, exagerar suas divergências? A greve de massas é sinônimo ou não de greve geral?

O Anarquismo Vituperado

O anarquismo era, há tempos, a ovelha negra dos socialistas alemães. Bakunin, durante a Primeira Internacional, já antes de 1870, criticara a divergência parlamentarista dos chefes da social-democracia que se perderam em uma frente popular, *avant la lettre*, com os partidos burgueses liberais. Denunciou sua palavra de ordem equívoca e não-marxista do *Volkstaat*, "Estado Popular", tão vivamente e com tal persistência que Marx e Engels tiveram finalmente que se decidir pela condenação deste *slogan* oportunista[1]. Engels foi à desforra, cobrindo de injúrias o comportamento dos bakunistas durante os acontecimentos revolucionários de 1873 na Espanha[2].

Durante o Congresso da Internacional, em Haia, 1872, os partidários de Bakunin haviam sido excluídos, sob pretextos e meios da maior má fé — exclusão que bem mais tarde Rosa Luxemburgo aplaudirá[3]. A sobrevivência durante alguns anos de uma Internacional chamada "antiautoritária", embora estivesse longe de ser constituída apenas por anarquistas e apesar de vários socialistas se juntarem por solidariedade aos excluídos, atormentou os marxistas que conduziram a sua em direção ao "desvio" de uma transferência estéril a Nova York.

Contudo, várias vezes, a hidra anarquista fizera a sua aparição no próprio seio da cidadela de aparência compacta e inacessível da social-democracia alemã. Logo, Johann Most, um militante tão valoroso quanto desconhecido, insurgiu-se contra a debilidade legalista com a qual o partido respondeu às exceções anti-socialistas do chanceler Bismarck. Por este "crime", foi expulso de um congresso feito em território suíço, em 1880, e, tendo-se filiado depois ao anarquismo, foi expatriado para os Estados Unidos onde estimulou o movimento que resultaria na execução dos mártires de Chicago[4].

Quando, em 1890, foram revogadas as leis de exceção, o retorno à normalidade favoreceu a eclosão de um movimento de oposição anarquizante contra a burocracia do país. Em alguns grandes centros, a direção e o grupo parlamentar foram acusados de querer atolar a social-democracia no parlamentarismo. Os principais porta-

---

1. Carta de Engels a Bebel datada de 18-28 de março de 1875, em Bourdet, cit., 96; — Cf. D.G., *L'Anarchisme*, 1965, 26.

2. Engels, *Die Bakunisten*..., cit.

3. Cf., *Le Socialisme en France*, 158.

4. Rudolf Rocker, *Johann Most, Das Leben eines Rebellen*, Berlim, 1924; — D.G., *Le Mouvement ouvrier aux États-Unis 1867-1967*, 1968, 14.

-vozes desse esquerdismo foram, no todo, jovens. Eram chamados de os *Junge*. O tipógrafo berlinense Werner fez-se seu porta-voz. Acusou os "ditadores" do partido, entre os quais Bebel, de reformismo pequeno-burguês, de colaboração de classes. Tendo sido a conduta deles julgada "completamente revoltante", dois dentre eles foram expulsos do congresso de Erfurt em 1891. Pouco depois, os "Jovens" formavam um partido efêmero de socialistas independentes; depois, alguns não tardaram em reintegrar o seio da velha casa, enquanto outros proclamaram-se libertários, publicando um jornal, *Der Sozialist*, "órgão do socialismo anarquista"[5].

Wilhelm Liebknecht, o grande mestre da social-democracia, deu o tom. O anarquismo que, sem cessar, assegurava não ter "nenhuma importância", parecia ser um pesadelo que o seguia por toda a parte. Taxava-o de "impotência" e não temia em proclamar: "O anarquismo é e permanecerá anti-revolucionário"[6].

Rosa Luxemburgo, no começo de sua carreira no socialismo alemão e, sobretudo, para adquirir os direitos de cidadania, achou que devia denunciar, por sua vez, essa "doença infantil anarquista", admitindo que, assim mesmo, o perigo era menos grave que o do revisionismo oportunista. Em retrospecto, ela não deixou de ser menos venenosa em relação aos *Junge*, às suas "inclinações ao anarquismo", à "sua agitação puramente negativa", ou seja, "condizente com a bancarrota política" e afirmava que seria necessário "um desatino completo para se agarrar, ainda hoje, à quimera anarquista"[7].

A revolucionária acabará por mudar de opinião bem mais tarde, quando, ao tornar-se espartakista no final de 1918, evocará, desta vez com simpatia, a "tentativa extremista de luta direta contra a legalidade reacionária" que, no começo dos anos 90, fizera a sua "aparição entre os operários alemães". "Os militantes de esquerda do par-

---

5. Albert Milhaud, *La Démocratie socialiste allemande*, 1903, 49-50.
6. Cf. Domela Nieuwenhuis, *Le Socialisme en danger*, 1897, 21, 91, 255.
7. *Réforme ou Révolution?*, 88; – "Nachbetrachtungen zum Parteitag", 14 de outubro de 1898, *G.W.*, III, 151.

tido, afirmará ela, então, tentaram apoiar-se nesta reação espontânea a fim de impedir que o partido se degenerasse em uma direção puramente parlamentar". Bebel e seus amigos empenharam-se então em persuadir o velho Engels de "que o movimento operário alemão estava ameaçado por um desvio anarquista". Segue-se que, admitirá ela, esta denúncia tradicional do anarquismo se voltará contra a oposição da esquerda luxemburguiana e servirá a Kautsky para "denunciar e destruir qualquer resistência contra o parlamentarismo", resistência "excomungada como anarquismo, anarco-sindicalismo ou, no máximo, como antimarxismo"[8].

O anarquismo, mais uma vez, ergueu a cabeça na social-democracia com a tendência representada, vimos, pelo Dr. Friedeberg, que era um partidário, tão obstinado quanto simplista, da greve geral, tanto quanto do sindicalismo "puro" e antiparlamentarista, o que era paradoxal em um país como a Alemanha, onde os sindicatos eram mais reformistas ainda que o Partido Socialista. Multiplicou suas intervenções em favor desse meio revolucionário de luta no congresso de Dresden, em 1903, de Bremen, em 1904, e no congresso socialista internacional de Amsterdã no mesmo ano. Fez uma conferência sobre o mesmo tema e publicou em forma de panfleto o seu discurso medíocre de Amsterdã[9]. Em Paris, Hubert Lagardelle anotou, em 1905, em pesquisa sobre a greve geral que "a emoção produzida por sua propaganda está longe de estar apaziguada"[10]. Em Amsterdã, Friedeberg fizera uma declaração que, apesar de tudo, merece ser salientada: não votaria na resolução holandesa de compromisso sobre a greve de massas "porque esta tende a aumentar a distância entre o anarquismo e o socialismo quando eu queria, ao contrário, vê-la desaparecer"[11]. Foi vaiado. Até Karl Lieb-

---

8. *Discours sur le Programme*, in Prudhommeaux, *Spartacus*, cit., 70-71.

9. Dr. Friedeberg, cit., Friedeberg celebrava aí, entre outros, o valor "ético" da greve geral.

10. Lagardelle, cit., 217.

11. Precursor do comunismo libertário de hoje, Friedeberg, no prefácio de seu panfleto, desejava o casamento do ideal socialista e do ideal anarquista.

knecht e Clara Zetkin, partidários fervorosos da greve de massas, taxaram, em Bremen, as concepções de Friedeberg de "extravagantes"¹².

Greve Geral e Greve de Massas

Vimos que Rosa, à luz da Revolução Russa de 1905, revisou a condenação decisiva da greve geral que o seu partido recebera como herança de Engels. Obviamente, escreveu ela, "a Revolução Russa requer uma revisão fundamental do antigo ponto de vista do marxismo sobre greve de massas". Chegou até a uma concessão de vocabulário: a Revolução Russa havia levado à maturação "a idéia da greve de massas (...) e até a da *greve geral*". Contudo, a fim de se proteger dos adversários reformistas e antianarquistas no interior do partido alemão, achou que devia, ao mesmo tempo, administrar uma boa surra no anarquismo.

Apesar de tudo, era o anarquismo, mesmo desmentido, que tinha razão! Ao retratar-se, ele alcançava uma "vitória sob nova forma!" Marx e Engels estavam enganados, é óbvio, mas não estavam errados! Os papas nunca estão errados. Não "decorre" que a "sua crítica ao anarquismo era falsa". "A Revolução Russa não significa a reabilitação do anarquismo mas, antes, a sua liquidação histórica." "A pátria de Bakunin deveria se tornar o túmulo de seus ensinamentos."

Ao sustentar, como vimos, que o partido socialista russo havia sido ultrapassado pelo movimento elementar das massas, Rosa afirmava que "a inteira direção da ação revolucionária e, também, da greve de massas está nas mãos das organizações sociais-democratas" e que "os anarquistas, na qualidade de tendência política séria, não existem absolutamente na Revolução Russa". O punhado de "anarquistas" ou pretensos anarquistas só alimentava, nas grandes cidades, "a confusão e a desordem da classe operária". E passava da deformação à injúria: o anarquismo tornara-se "a insígnia dos ladrões e dos saqueadores vulgares", a do *Lumpenproletariat* contra-revolucionário, "rosnando como um

---

12. *Sixième congrès (...) à Amsterdam*, cit., 47-48; — Lagardelle, cit., 302, 306.

bando de tubarões à esteira do barco de guerra da Revolução". Tomando os seus desejos por realidades, ela vaticinava que, assim, "a carreira histórica do anarquismo está verdadeiramente terminada"[13].

Entretanto, esse lastro lançado à direita da social-democracia alemã não preservou Rosa do ódio da burocracia de seu partido e, muito menos, da dos sindicatos, não conseguindo preveni-la contra a acusação de ser ela mesma a presa de desvios anarquistas e anarco-sindicalistas! Ela chamara, em *Reforma ou Revolução?*, a ação sindical reivindicativa de "trabalho de Sísifo", já que toda reforma parcial arrancada pelo proletariado é imediatamente abocanhada pela burguesia. Em 1908, em seu livro *O Caminho do Poder*, Kautsky tivera a imprudência de retomar por sua conta a expressão. A Comissão Geral dos Sindicatos deu a resposta em um panfleto vingativo: *Trabalho de Sísifo ou Resultados Positivos*, no qual Rosa Luxemburgo e Kautsky foram colocados no mesmo saco e vilipendiados como "anarco-sindicalistas"[14]. Mais tarde, em 1913, será Kautsky que, depois de virar a casaca, tratará Rosa de "anarco-sindicalista" e, em seu panfleto de 1906 sobre a Revolução Russa, acusá-la-á de ser uma "síntese de concepções sociais-democratas e anarquistas"[15].

As imprecações de Rosa contra o anarquismo, os seus esforços para diferenciar-se dele eram, portanto, em grande parte, precauções de linguagem, artifícios de autodefesa. Resta ver se existiam, em realidade, tais diferenças entre a greve geral anarquista e a greve chamada de massas.

O velho guesdista Bracke, que ninguém suspeitaria de complacência com os libertários, explicou em um congresso de seu partido em 1904: "Os alemães há um certo tempo discutem uma coisa que lhes repugna chamar de greve geral porque esta palavra se liga à concepção anarquista: falam de uma greve de massas"[16]. J.-P. Nettl, em nume-

---

13. *G.M.*, pp. 94-96.

14. *Réforme ou Révolution?*, 64; – Frölich, *Rosa Luxemburg*, cit., 88.

15. Kautsky, *Der politische Massenstreik*, Berlim, 1914, 202-203.

16. Bracke no congresso de Lille do Partido Socialista da França, 9-11 de agosto de 1904.

rosas páginas de sua erudita biografia, mostrou o parentesco evidente que existia entre as duas concepções rivais[17].

Origens da Greve Geral

A idéia de greve geral era antiga: fora experimentada pelo proletariado parisiense desde 1840 e pelos cartistas britânicos desde 1842[18]. Foi relançada pela Primeira Internacional no congresso de Bruxelas, em 1868, mas somente no caso de uma declaração de guerra (v. mais adiante pp. 69-70).

Foi Bakunin que, em artigo de 1869, primeiro viu nela a arma de luta de classes revolucionária: escreveu sobre as inumeráveis greves que acabavam de estourar na Bélgica, Inglaterra, Prússia, Suíça, França:

> Quando as greves se estendem e se comunicam pouco a pouco é porque estão bem perto de tornar-se greve geral; e uma greve geral com as idéias de libertação que reinam hoje em dia no proletariado só pode resultar em um grande cataclisma que daria pele nova à sociedade. Não chegamos aí ainda, sem dúvida, mas tudo nos conduz a isso.

E, antecipando os argumentos derrotistas dos sociais-democratas contra a greve geral, Bakunin perguntava: "Não é verdade que as greves seguem-se tão rapidamente para temermos que o cataclisma chegue antes da organização suficiente do proletariado?", para logo repelir a objeção:

> Não o cremos, pois, primeiramente, as greves já indicam uma certa força coletiva, um certo acordo entre os operários; depois, cada greve torna-se o ponto de partida para novos agrupamentos[19].

17. Nettl, cit., I, 297, 425, 429, 437; II, 496-499.

18. Octave Festy, "Le Mouvement ouvrier à Paris en 1840", *Revue des Sciences Politiques,* 1913; — Colette Chambelland, *L'Idée de grève générale en France (1871-1914),* Paris, 1953 (Manuscrito), 11-22; — Brécy, cit.

19. Bakunin, "Organisation et grève générale", *L'Egalité,* Genebra, 3 de abril de 1869, *Oeuvres,* V, 51-52. (James Guillaume coloca a questão de saber se o autor do artigo não teria sido Charles Perron, presidente do Comitê de redação do jornal e, não, Bakunin, mas ele admite que representa as "idéias das quais se compunha a propaganda feita por Bakunin na Internacional".)

O memorável texto não escapará a Rosa Luxemburgo que o citará, embora tomando em relação a ele a devida distância[20].

Esta antecipação genial que a Revolução Russa de 1905, as ocupações de fábrica na França em 1936 e 1968, iriam atualizar, novamente, de maneira surpreendente; Engels julgou dever ridicularizá-la algum tempo depois, caricaturando-a de má fé:

> A greve geral é, no programa de Bakunin, a alavanca utilizada como prelúdio à revolução social. Uma bela manhã, todos os operários de todas as empresas de um país ou do mundo inteiro interrompem o trabalho e obrigam, assim, em quatro semanas, no máximo, as classes possuidoras seja a submeterem-se, seja a lançarem o ataque contra os trabalhadores, se bem que estes teriam então o direito de se defenderem e, na mesma ocasião, derrubarem a velha sociedade por inteiro[21].

No Congresso da International em Genebra, em setembro de 1873, a questão da greve geral fora colocada na ordem do dia. James Guillaume, discípulo de Bakunin, apresentara uma moção que recomendava

> aos operários consagrar os seus esforços para concluir a organização internacional dos corpos de ofício que lhes permitirá empreender um dia a greve geral, a única greve realmente eficaz para realizar a emancipação completa do trabalho.

A redação deste texto era comedida (greve geral reportada a um futuro longínquo, condição prévia à organização sindical). De fato, seria preciso poupar os componentes não-libertários da Internacional, que acabava de ser renovada após a cisão de Haia. Entretanto, apesar destas concessões ao socialismo reformista, Hales, um delegado britânico, opôs-se à resolução e conseguiu arrastar atrás de si o congresso. Ele se entrincheirou atrás da argumentação pueril:

---

20. *G.S.*, 30. Contudo, Rosa data este artigo de 27 de maio de 1869 e o atribui ao jornal *L'Internationale*, de Bruxelas. Talvez exista aí uma confusão, pois o artigo de *L'Egalité* reproduzia, ao mesmo tempo, um outro artigo do *L'Internationale*, de 27 de *março* (e, não, *maio*), sobre a repressão das lutas operárias na Bélgica.

21. Engels, *Die Bakunisten...*, cit., 15-16; *G.M.*, 92-93.

A greve geral é impraticável e é um absurdo. Para se fazer uma greve geral seria necessário, antes, organizar-se em toda parte com este objetivo; ora, quando a organização dos trabalhadores for total, a revolução social estará feita[22].

Apesar deste adiamento, a idéia de greve geral não estava enterrada. Foi retomada pelo movimento operário francês, às vezes, é verdade, com uma fastidiosa monotonia e sob uma forma por demais simplista. Foi adotada, sucessivamente, no congresso sindical de Bordeaux, em 1888, de Marselha, em 1892, de Nantes, em 1894, de Limoges, em 1895, de Rennes, em 1898[23]. Penetrou até, sem ter sido homologada, em movimento socialista, através da mediação de um político, futuro renegado do proletariado, Aristide Briand, que se serviu dela para fins bastante duvidosos[24].

O prestígio da greve geral aos olhos dos trabalhadores conservava-se por diversas causas: era a sua própria arma, a sua criação espontânea. Nenhum teórico a tinha descoberto. Para conduzi-la, não precisavam de nenhum chefe político mais ou menos desacreditado. Recusavam-se a esperar sua emancipação de um grupo parlamentar até de um governo "republicano" ou de um ministro "socialista". Queriam haurir em si mesmos os recursos de seu combate. A greve geral era o instrumento de sua "ação direta". Tinha então uma ponta nitidamente antiparlamentar e, como assinalaria o filósofo Georges Sorel (que errou ao tentar convertê-la num mito); é por isso que os socialistas parlamentares "se inflamavam tanto para combatê-la"[25]. Bebel, no congresso de Iena de 1905, verificou com amargor: "O final da cantiga, é que os partidários da greve geral perderam toda a vontade de participar da ação política"[26].

---

22. James Guillaume, *L'Internationale, Documents et Souvenirs*, III, 1909, 118, 124.

23. Lagardelle, cit., 42-43; – Brécy, cit., 39, etc.

24. Aristide Briand, *La Grève générale et la Révolution* (1900); – Georges Suarès, *Briand*, I, 1963, 282; – Brécy, cit., 60-61.

25. Lagardelle, cit., 9 e, nesta averiguação, o ponto de vista de Christian Cornelissen, 156-160; – Colette Chambelland, cit., 49; – Georges Sorel, *Réflexions sur la violence*, 1910, 169, etc.

26. *Protokoll* do Congresso de Iena, 1905, 302.

Socialismo Revolucionário e Greve Geral

Era um fato que os sindicalistas revolucionários, especialmente os da França, reprovavam a greve geral (ou greve de massas, segundo a terminologia alemã) quando ela era posta a serviço de um objetivo "político", no sentido parlamentarista e eleitoralista do termo. Tal era, de fato, o uso que fora feito dela, entre outros, durante as greves belgas de 1893 e de 1902, cuja parada era a extensão do sufrágio universal. Tal seria, também, o objetivo da grave de massas na Prússia, entre 1910 e 1914, como a preconizará, em vão, diga-se de passagem, Rosa Luxemburgo. Enfim, tal era, no plano intelectual, o tema desenvolvido por Henriette Roland-Holst em seu livro sobre a greve de massas, prefaciado por Kautsky.

Os anarquistas condenaram com humor esta apropriação de sua greve geral pelos políticos. Christian Cornelissen, socialista libertário que deixou os Países Baixos para viver na França, sustenta:

> A greve geral não poderia ser feita, artificialmente, por um partido qualquer, no objetivo especial deste partido (...) Um partido político que quisesse impelir as massas a uma greve geral por interesse do partido arrisca-se a (...) comprometer seriamente a arma formidável que é (...) a greve geral[27].

No congresso anarquista internacional de Amsterdã, em 1907, Pierre Monatte e Amedée Dunois fizeram com que fosse aprovada uma moção que dizia:

> A greve geral não pode ser confundida com a greve geral política (*politischer Massenstreik*) que nada mais é que uma tentativa dos políticos para desviar a greve geral de seus fins econômicos e revolucionários[28].

Em compensação, as grandes greves da Revolução Russa de 1905 não se encaixavam, de maneira alguma, no esquema anarquista nem no dos políticos. Elas reconciliavam os partidários de ambas as formas de greve. Como frisaria o guesdista Charles Bonnier, elas foram "o coroa-

---

27. Cornelissen, cit., 159-160.
28. Brécy, cit., 83.

mento de uma obra bastante complexa, um meio, empregado como muitos outros, que tinha triunfado em razão das circunstâncias excepcionalmente favoráveis em meio às quais ela se produziu"[29].

Pois existe "política" e política. Os sindicatos não erraram quando se recusaram a participar das combinações parlamentares e eleitoralistas dos políticos sociais-democratas. Entretanto, com toda a certeza, a sua concepção de greve geral comportava uma grave lacuna: paralelamente à ação, sob o plano econômico, esqueciam, mui freqüentemente, de insistir na absoluta necessidade de combater o centro, o Estado burguês ou absolutista, não, claro, para fazê-lo renascer sob nova forma chamada "popular" ou "proletária", mas para destruí-lo para todo o sempre[30].

Contudo, feita esta reserva, a greve geral, no espírito de seus protagonistas, era uma empreitada séria, de modo algum aventureira, nem calcada em um esquema prévio, nem um pouco mítica ou abstrata, levando em conta as realidades do momento, ao contrário do esquema caricatural que dela fizeram para desacreditá-la, os sociais-democratas, inclusive Rosa Luxemburgo. O secretário da CGT francesa, Victor Griffuelhes, expunha, em 1904:

> A greve geral será a que o trabalhador conceber e criar. A ação desenvolver-se-á segundo o grau de consciência do operário e segundo a experiência e a direção da luta que lhe será dada (...) O movimento nascerá das circunstâncias, de uma mentalidade operária elevada à altura dos acontecimentos que trarão em si mesmos os elementos de generalização[31].

Em importante panfleto, publicado pela CGT francesa, dizia-se explicitamente que o "resultado lógico" da greve geral era a autogestão, "a tomada de posse do instrumental social, ou seja, a expropriação da classe capitalista". Ela não se limitaria a uma simples paralisação do trabalho, mas deveria "ser imediatamente seguida pela

---

29. Charles Bonnier, *Le Socialiste*, 18 de novembro de 1905, *in* Sorel, cit., 216.

30. Cf. D.G., *Pour un Marxisme libertaire*, 1969, 285-286.

31. Victor Griffuelhes, Pesquisa do *Mouvement socialiste*, 1903, revista por Lagardelle, cit.

(...) reorganização da produção e da circulação de produtos sobre novas bases", da "comunização do instrumental social". A socialização seria obra dos sindicatos e de mais ninguém.

> Nas Bolsas de Trabalho*, transformadas em gânglios nervosos da nova organização social, afluirão as demandas de produtos que, em seguida, serão transmitidos aos agrupamentos interessados. Quanto à circulação, ela será assegurada pela federação dos transportes[32].

Sem dizê-lo expressamente, os partidários da greve geral faziam, de antemão, a distinção entre greve geral "passiva", que consistiria em uma simples paralisação de trabalho generalizada, e greve geral "ativa" que, a partir da ocupação das empresas, devia levar ao controle da produção pelos trabalhadores. Concepção esta da qual os grevistas franceses, de 1936 e de 1968, terão um embrião de consciência.

A fábrica para os trabalhadores, que escândalo! A social-democrata holandesa Henriette Roland-Holst, cujo livro sobre a greve geral será acompanhado por um prefácio de Kautsky, escondeu o rosto. Utopia! Fantasia perigosa! Sonho! Clamará, harmoniosamente, o coro dos sociais-democratas. Contudo, a própria Rosa Luxemburgo censurará sua amiga por ter, neste livro, "frisado muito o tema da organização e da disciplina e muito pouco os antagonismos de classes, terreno de onde a greve de massas surge como um fenômeno elementar"[33]. E Christian Cornelissen afirmará, antecipando lucidamente o futuro: "A 'utopia' de ontem tornar-se-á a 'necessidade' de amanhã"[34].

---

32. *Grève générale réformiste et grève générale révolutionaire,* panfleto da C.G.T., 1902, 8-11.
33. Henriette Roland-Holst, *Generalstreik und Sozialdemockratie,* Dresden, 1906, 27; – Carta de R.L. ao autor, 2 de outubro de 1905; – da mesma, *Rosa Luxemburg,* cit., 219.
34. Cornelissen, *in* Lagardelle, cit., 157.

Greve Geral Contra a Guerra?

Uma variante da greve geral era o emprego desta arma operária não mais no terreno da luta social, mas da luta contra a guerra. Os preparativos de combate que começaram com a guerra austro-prussiana de 1868 e que resultariam na guerra franco-alemã de 1870 haviam alertado os trabalhadores. Por isso, já em 1868, o Congresso da Internacional, reunido em Bruxelas, adotara uma resolução que concluía: "O Congresso recomenda, sobretudo, aos trabalhadores que cessem todo o trabalho no caso de uma guerra explodir em seus respectivos países"[35]. Convém lembrar aqui que, nesta data, a fatal cisão de Haia, em 1872, não fora ainda perpetrada, que a Internacional em questão era a de cujo conselho geral Karl Marx fazia parte e que o relator da deliberação era Charles Longuet, então ainda prudhoniano, e que, quatro anos mais tarde, casaria com Jenny, uma das filhas de Marx.

A Internacional operária, certamente, devia, por certo, ser reconstituída no congresso de Paris em 1889, mas não se parecia em nada com a primeira: era monopolizada pelos sociais-democratas e os anarquistas não faziam parte dela. Entretanto, em seu segundo congresso, em Bruxelas, 1891, um socialista holandês, de tendências libertárias, Domela Nieuwenhuis, ousou apresentar uma resolução, em nome de seu partido, declarando que os socialistas de todos os países responderão a uma declaração de guerra "com um apelo ao povo para a proclamação da greve geral". E acrescentou a seus comentários, antecipando-se a Lenin:

> É necessário dizer francamente que se deve preferir a guerra civil entre o proletariado e a burguesia do que a guerra entre nações (...) Os povos têm o direito e até o dever de responder a ela pela revolução.

Foi um protesto quase geral. Somente a França, a Grã-Bretanha e a Holanda votaram o texto reprovado. A delegação alemã ficou indignada. O seu porta-voz, Wilhelm Liebknecht replicou com indignação:

---

35. Jacques Freymond, *La Première Internationale*, I, 1962, 404.

Em lugar de falar sem parar de revolução, seria melhor trabalhar para a melhoria da sorte do proletariado e fortificar a organização operária[36].

Durante quase um quarto de século, a social-democracia alemã lembrar-se-á com sagrado horror da moção Nieuwenhuis e, Rosa Luxemburgo, à frente, não perderá uma ocasião para vituperá-la.

No terceiro Congresso da Internacional em Zurique, 1893, Domela Nieuwenhuis reincidiu. A resolução holandesa recomendava, novamente, a greve geral em caso de guerra, mas acrescentava um dado: ela só seria aplicável nos países em que os trabalhadores pudessem exercer uma influência sobre a guerra; em outros locais, seria respondida por uma recusa ao serviço militar. Mais uma vez, os sociais-democratas alemães soltaram altos brados. A resolução holandesa era apenas aparentemente revolucionária mas, na realidade, era "reacionária em seus efeitos, pois fazia o jogo do czarismo russo". O austríaco Victor Adler chamou-a até de "crime". Sua rejeição em favor da contra--resolução alemã era a "única verdadeiramente revolucionária". Exasperado, Nieuwenhuis não hesitou, como aliás o tinha feito em 1870, em acusar os socialistas alemães de chauvinismo. Sua moção ligeiramente modificada, mas ainda uma vez descartada, precisava que a greve geral deveria estender-se sobretudo "aos ramos da indústria que têm relação com a guerra"[37].

Rosa Contra a Greve Geral

Por mais surpreendente que isto nos possa parecer hoje, Rosa Luxemburgo acreditou que devia seguir de perto os dirigentes sociais-democratas para condenar tanto a greve geral "social", quanto a greve geral "militar". Entretanto, guardou apenas a sua caricatura e teve assim condições de tratá-la de "idéia falsa" e de utopia que deveria ser com-

---

36. *Analytique du congrès socialiste international de Bruxelles,* 1891, 66-77; – Brécy, cit., 35-36; – Nieuwenhuis, *Le Socialisme en danger,* cit., 34, 37.

37. *Analytique du congrès socialiste international de Zurich,* 1893, 20-22.

batida com todos os meios. Ela zombava, desde 1902, da

> fé na greve geral como uma panacéia (. . .), a fé em uma categoria abstrata, absoluta, da greve geral considerada como *o* meio da luta de classes. Igualmente aplicável e eficaz a todas as horas e em todos os países. Os padeiros não fornecem mais pão, as luzes permanecem apagadas, as estradas de ferro e os bondes não circulam — eis a ruína!

Ela só tinha sarcasmo para com "esse esquema traçado no papel à imagem de uma batuta que gira no vazio"[38].

Durante a primeira Revolução Russa, Rosa exclama: "Somente um desatino total poderia esperar que o absolutismo fosse esmagado com um só golpe e uma única greve geral 'contínua' segundo o esquema anarquista". Mas isto não era procurar no anarquismo uma querela bizantina em vez de questionar o caráter único ou não, contínuo ou não deste renascimento de greves gerais, ao mesmo tempo distintas e formando um todo, que caracterizava 1905?[39]

A greve geral anarquista seria apenas uma "panacéia miraculosa". Não, crê Rosa, "o produto de uma evolução ou de uma necessidade histórica", mas um truque para se utilizar ou rejeitar à vontade e a qualquer hora.

> Quando não temos mais outros recursos, então "fazemos" uma greve geral — essa é, na verdade, a concepção grosseira do anarquismo, uma espécie de artilharia pesada de reserva que se puxa do canto mais afastado quando todas as outras armas negaram fogo.

Domela Nieuwenhuis durante anos exaltara a greve geral como meio de desencadear a revolução social *"em vinte e quatro horas"* (assim, Rosa abreviava ainda as "quatro semanas" caricaturais de que Engels zombara). Contudo, escreveu ela em 1910, a "divulgação" da idéia da greve geral feita por Nieuwenhuis, não pôde inscrever em seu ativo um mínimo de sucessos positivos, ninguém se preocupou com isso. E o país em que a greve geral foi menos praticada é hoje a França, onde os sindicalistas

---

38. *G.S.*, 30-31.
39. *G.M.*, 114.

sempre falaram dela de boca cheia. Ela estaria aí, "de há muito, enterrada"[40].

Quando se constata, ao ler os brilhantes estudos de Rosa sobre o socialismo francês, sempre tão bem informados, a justeza dos seus ataques contra o reformismo de Jaurès e o ministerialismo de Millerand, fica-se surpreso diante de sua incompreensão do sindicalismo revolucionário. É verdade que, na visão dela, as duas questões estavam ligadas: era, a seus olhos, culpa do "cretinismo parlamentar" jauresiano, se o sindicalismo e o anarquismo gozavam, em reação, de tão grande prestígio entre os operários franceses[41].

Entretanto, no Congresso Socialista Internacional de Stuttgart, em 1907, Rosa acabou por admitir, pelo menos em seu aparte na tribuna, o princípio de uma greve geral contra a guerra. Lembrou que, no Congresso Internacional anterior, o de Amsterdã, em 1904, a questão da greve geral havia sido discutida e que se votara uma resolução que recomendava não iludir o proletariado sobre suas forças reais e que considerava o socialismo internacional insuficientemente maduro e insuficientemente pronto para uma greve geral. Entretanto, desde então, aconteceu a Revolução Russa e seria, dizia ela, uma "traição" não inspirar-se em seu exemplo. O que se tomara por "utopia", em 1904, não era mais. Não foram as greves de massa no país dos czares que contribuíram para pôr um fim à guerra russo-japonesa?

E Rosa assinalou, retrospectivamente, na resolução adotada no congresso de Iena de 1905 (se bem que, nessa época, se tratava de lutar a favor do sufrágio universal e não ainda contra a guerra), que a social-democracia declarara "que a greve de massas, que considerara durante longo tempo anarquista, era um meio possível de se utilizar em algumas circunstâncias".

Contudo, como Bebel, se opôs com veemência

---

40. "Weltpolitik und Massenstreik", 7 de novembro de 1905, *G.W.*, IV, 400; "Wahlrechtskampf...", 611-612; "Taktische Fragen", 635.

41. Nettl, cit., I, 241-242, 367-368; – *Le Socialisme en France*, cit., ("Social-démocratie et parlementarisme", 5-6 de dezembro de 1904), 219-221.

a uma audaciosa resolução de Vaillant-Jaurès que preconizava, para impedir a guerra, até a greve geral e a insurreição, Rosa acabou aderindo ao texto do velho líder centrista de seu partido. Entretanto, ela corrigiu habilmente o teor do mesmo, fazendo com que fosse aprovado pelo congresso uma emenda homologada por Lenin e Martov e que Bebel, tomado de surpresa, não conseguiu retirar.

Este aditivo tornou-se célebre: recomendava,

No caso em que a guerra estourasse apesar de tudo, utilizar a crise econômica e política criada pela guerra (...) para precipitar a queda da dominação capitalista.

Rosa assegurava, com ou sem razão, que a emenda ia "sob certo ponto de vista, mais longe que Jaurès e Vaillant"[42].

Entretanto, no congresso socialista internacional de Compenhague, em 1910, ela julgou dever aliar-se aos piores reformistas sociais-democratas, a Ebert, ao belga Vandervelde, a seu adversário de sempre, o austríaco Victor Adler, para obter a remessa, "a um próximo congresso", de uma moção Vaillant-Keir Hardie que recomendava "a greve geral operária, sobretudo nas indústrias que fornecem os seus produtos à guerra"[43].

42. *Analytique du congrès socialiste international de Stuttgart,* 1907, 116-182; — Brécy, cit., 81; — Nettl, cit., I, 398-399, 401.

43. *Analytique du congrès socialiste international de Copenhague,* 1910, 311-332; — Brécy, cit., 27-28, 42-43.

CONCLUSÕES

Rosa Puxada a Torto e a Direito

Essas estranhas reviravoltas, esses surpreendentes ziguezagues traíam o embaraço em que Rosa Luxemburgo se encontrava, prisioneira de seu partido, frente à greve geral que, ora reprovava como anarquista e à qual ora aderia. De fato, a sua concepção de greve de massas, tal como a extraíra da Revolução Russa, estava, vimos, singularmente próxima à concepção de greve geral, termo que, por vezes, não mais lhe repugnava empregar juntamente ao de "greve de massas".

A obra teórica de Rosa Luxemburgo, durante a sua vida, permaneceu por muito tempo incerta e inconseqüente, pois ela teve dificuldade em liberar-se totalmente da influência do meio social-democrata alemão onde decidira militar e onde procurou manter-se a todo o preço quase até o seu fim, apesar dos desacordos que os separavam e as decepções e humilhações que sofreu aí.

Na biografia de sua amiga, Henriette Roland-Holst assinalou que a sua concepção de uma atividade política livre e espontânea das massas tinha algo de "sindicalista", se bem que ela nunca o quisesse admitir. Mesmo quando, acrescenta a biógrafa, estava resolvida a deixar um partido ao qual estivera tanto tempo filiada, permaneceu ligada a ele psiquicamente e jamais pôde libertar-se completamente de uma certa concepção de centralização e de organização por cima que lhe fora inculcada. Desse ponto de vista, Kurt Eisner e Gustav Landauer, crê Roland-Holst, foram mais longe. Tentaram, através da Comuna de Munique, em 1919, realizar um socialismo que não seguiu cegamente o modelo russo, mas procurou uma via impregnada da noção de atividade autônoma do indivíduo e dos grupos[1].

Digamos, para terminar, que muitos mal-entendidos e contradições prejudicaram a obra de Rosa Luxemburgo. Não há dúvida de que o seu imenso mérito é ter ao mesmo tempo contestado as concepções de organização autoritária de Lenin e tentado arrancar a social-democracia alemã de seu legalismo reformista insistindo, como nenhum marxista fizera antes dela, sobre a prioridade determinante da auto-atividade das massas. Trotsky, sobre este último ponto, prestou-lhe uma retumbante homenagem[2], e, aliás, é indubitavelmente sob a sua inspiração que o vencedor de Outubro escreverá as obras que consagrará ao movimento de massas nas duas revoluções russas de 1905 e 1917.

Entretanto, esta genial percepção tem limites, ou seja, a incapacidade de Rosa em descobrir uma síntese exata entre espontaneidade e consciência ou, mais exatamente, em determinar qual espécie de elite operária seria capaz de alcançar a consciência e beneficiar com isso o conjunto do proletariado. Em dois artigos, escritos às vésperas de sua morte, pôde restringir-se apenas a uma breve e insuficiente indicação:

O que teria sido necessário à revolta espartakista, o que lhe faltou, foi *"uma direção que emanasse das massas e que elas escolhessem"*. Teria sido preciso *"que os operários revolucionários erigissem organismos revolucionários capazes de guiar e utilizar a energia combativa das massas"*. Que "direção"? Em todo o caso, não a do Partido Comunista oriundo da Spartakus já que, segundo Rosa, houve aí uma "falta de direção"[3].

1. Roland-Holst, *Rosa Luxemburg,* cit., 70-73, 174, 189-190.
2. Cf. mais adiante, Trotsky, Documento nº 10, pp. 104-105.
3. "L'ordre règne à Berlin", cit., 14 de janeiro de 1919 e artigo de 11 de janeiro em Badia, cit., 242, 224.

O problema que ela colocou ainda não encontrou solução, nem o debate que iniciou, o seu ponto final. Apenas, talvez, os anarquistas na tradição de Bakunin e seus herdeiros espanhóis da Federação Anarquista Ibérica (FAI) aproximaram-se, mais ou menos, do segredo da relação entre massas e vanguarda: "fraternidades" bakunistas no seio da organização operária de massas que era a Primeira Internacional, Federação anarquista fecundando, do interior, a central sindical espanhola que era a Confederação Nacional do Trabalho (CNT).

A direção que toma a reflexão de muitos trabalhadores desde Maio de 68 francês versa sobre dois pontos:

1º a elite revolucionária não deve ser composta, principalmente, de intelectuais estranhos à classe, mas de operários avançados o que, aliás, está de acordo com a dialética luxemburguiana de substituição progressiva dos "chefes" pela massa;

2º essa minoria não ganha nada por ser batizada de "partido", pois a palavra tomou implicações autoritárias, sectárias e eleitoralistas ao mesmo tempo que despertam a desconfiança crescente dos trabalhadores.

A lúcida compreensão de Rosa do que, através da Revolução Russa de 1905, faz questão de chamar greve de massas, de preferência à greve geral, permanece uma contribuição preciosa ao arsenal ideológico do comunismo libertário e, ao mesmo tempo, um farol com o qual se pode guiar o próprio artífice desta forma de luta, hoje, cada vez mais comum e eficaz: a classe operária.

Entretanto, as diatribes quase sempre exageradas e injustas da grande militante ao sindicalismo revolucionário e ao anarquismo lançam uma sombra sobre suas intuições e restringem-lhe o alcance, pois exalam um bafo de social-democracia. Ainda hoje, temos muito que extrair de seus escritos, contanto que não os aceitemos, nem o repilamos no todo, nem os denigramos ou os ponhamos nas nunvens.

A parte mais inovadora e atual, também, do balanço luxemburguiano são, com certeza, as idéias expressas por Rosa no congresso da Liga Spartakus no ocaso de sua vida muito curta: prioridade aos conselhos operários, todo o poder ao proletariado, condenação do sindicalismo burocrático, importância dos inorganizados. Contudo, dissemos acima, o equívoco que pairava neste congresso, ou seja, a transformação da Spartakus em partido comunista e, conseqüentemente, a subordinação a uma Revolução Russa que já começara a jogar pela murada, com o conhecimento de Rosa, o programa da democracia operária soviética.

A partir dos materiais tão grandes e tão ricos que Rosa Luxemburgo deixou e dos quais apenas uma pequena parte foi traduzida do alemão até o momento, falta fazer uma seleção, empreender um trabalho de reflexão aprofundado. E, muito mais agora, já que as lutas mais recentes na França, principalmente a de Maio de 68, não conseguiram dissipar completamente as confusões que rodeiam o fenômeno da espontaneidade revolucionária das massas. Rosa proporciona, é óbvio, um ponto de partida para este reexame. Entretanto, falta à minoria consciente do proletariado levar a cabo essa empresa, primeiro no papel, depois no campo de batalha, até as suas últimas conseqüências.

Cada vez mais, parece que na França de 1971, a classe operária e, em particular, a sua ala jovem avançada está à procura, sozinha, de seus próprios meios de luta, pois possui a maturidade necessária para descobri-los e inová-los. Os "grupelhos" que pretenderam recuperar e monopolizar, por um tempo, a revolução de Maio de 68 tiveram a sua época. A simples palavra "gauchisme" (esquerdismo) subentende uma tendência para isolar-se da classe operária. Os "gauchistas" somente sobreviverão inseridos na classe, identificando-se e confundindo-se com ela.

Possam estas poucas palavras servir de modesta introdução a tal tentativa. Só decepcionarão aos que precisam, para a paz de sua alma, de conclusões dogmáticas, das quais é excluída a menor incerteza, e os que querem ser servidos em bandeja de prata com as presas de uma pesca miraculosa.

SEGUNDA PARTE:

ELEMENTOS DO DOSSIÊ E ESTADO DA QUESTÃO

DOCUMENTOS

1. Rosa Luxemburgo: *Massas e chefes.*
2. Rosa Luxemburgo: *Um novo tipo de organização.*
3. Rosa Luxemburgo: *Rússia 1905: o elemento espontâneo.*
4. Rosa Luxemburgo: *Discurso sobre o programa (1918).*
5. Rosa Luxemburgo: *Controvérsia com os "papas" sindicais.*
6. Karl Kautsky: *Um elemento importado de fora.*
7. Lenin: *A espontaneidade das massas e a consciência da social-democracia.*
8. Lenin: *Burocratismo e organização.*
9. Lenin: *Resposta a Rosa Luxemburgo.*
10. Leon Trotsky: *Defesa de Rosa.*

Documento 1:
ROSA LUXEMBURGO: "MASSAS E CHEFES".

(...) Esta revolta da massa proletária contra casos isolados de corrupção entre "os universitários" irrita extremamente os burgueses porque percebem aí o aspecto mais pernicioso — para eles — do movimento operário moderno, ou seja, a mudança radical que a social-democracia trouxe, há meio século, nas relações entre a "massa" e os "chefes".

A expressão de Goethe sobre a "odiosa maioria", que seria composta por alguns líderes fortes, um bom número de patifes que se adaptam, por fracos que sejam conquistar e pela "massa" que "trota em fila sem ter a mínima idéia do que quer", essa expressão com a qual os escrivinhadores burgueses queriam caracterizar a massa socialista é, apenas, o esquema clássico das "maiorias" nos partidos burgueses. Em todas as lutas de classe passadas, conduzidas no interesse de minorias e, onde, repetindo Marx, "todo o desenvolvimento efetuou-se em oposição à grande massa do povo", uma das condições essenciais da ação era a inconsciência da massa quanto aos objetivos verdadeiros, ao conteúdo material e aos limites deste movimento. Esta discordância era, aliás, a base histórica específica do "papel dirigente" da burguesia "instruída" à qual correspondia o "seguidismo" da massa.

Contudo, como Marx escrevia já em 1845, "com o aprofundamento da ação histórica crescia o volume da massa empenhada nesta ação". A luta de classes do proletariado é a mais "profunda" de todas as ações históricas que se desenrolaram até o presente, abarca a totalidade das camadas inferiores do povo e, desde que existe uma sociedade dividida em classes, é a *primeira* ação que corresponde ao *próprio interesse* da massa.

É por isso que a própria inteligência da massa quanto às suas tarefas e meios é, para a ação socialista, condição histórica indispensável assim como a inconsciência da massa foi, antigamente, condição para as ações das classes dominantes.

Por meio dela, a oposição entre os "chefes" e a maioria que "trota atrás deles" vê-se abolida, a relação entre a massa e os chefes é alterada. O único papel dos pretensos "dirigentes" da social-democracia consiste em esclarecer as massas sobre a sua missão histórica. A autoridade e a influência dos "chefes" na democracia socialista crescem apenas proporcionalmente ao trabalho de educação que realizam neste sentido. Em outras palavras, seu prestígio e influência aumentam apenas na medida em que os chefes destroem o que, até aqui, foi a base de toda a função de dirigentes: a cegueira da massa, na medida em que elas próprias se despojam da sua qualidade de chefes, na medida em que fazem da massa a dirigente e de si mesmos os órgãos executivos da ação consciente da massa.

(...) Sem dúvida, a transformação da massa em "dirigente" confiante, consciente, lúcida, a fusão sonhada por Lassalle da ciência com a classe operária, só é e só pode ser um processo dialético, já que o movimento operário absorve de maneira ininterrupta os elementos proletários novos, assim como os trânsfugas de outras camadas sociais. Todavia, assim é e assim permanecerá a *tendência* dominante do movimento socialista: a abolição dos "dirigentes" e da massa "dirigida" no sentido burguês, a abolição deste fundamento histórico de qualquer dominação de classe.

(...) A íntima conexão do movimento socialista com o desenvolvimento intelectual realiza-se, não graças aos trânsfugas que nos chegam da burguesia, mas graças à elevação da massa proletária. Esta conexão funda-se não sobre uma afinidade qualquer de nosso movimento com a sociedade burguesa, mas sobre a sua *oposição* a essa sociedade. Sua razão de ser é o *alvo final* do socialismo, a restituição de todos os valores da civilização à totalidade do gênero humano.

"Esperanças frustradas", *Neue Zeit* nº 2, 1903-1904; em francês, "Masses et chefs" em *Marxisme contre dictature,* Cahiers Spartacus, nº 7, julho 1946.

Documento 2:
ROSA LUXEMBURGO: "UM NOVO TIPO DE ORGANIZAÇÃO"

(...) O movimento social-democrata é, na história das

sociedades fundadas sobre o antagonismo de classes, o primeiro que conta, em todas as suas fases e em toda a sua marcha, com organização e com ação direta e devendo a sua existência própria à massa.

Sob este aspecto, a social-democracia cria um tipo de organização totalmente diferente da dos movimentos socialistas anteriores como, por exemplo, os do tipo jacobino-blanquista.

Lenin parecia subestimar este fato quando, no livro citado[1], exprime a opinião de que o social-democrata revolucionário não seria nada mais que "um jacobino indissoluvelmente ligado à organização do proletariado conscientizado de seus interesses de classe". Para Lenin, a diferença entre a social-democracia e o blanquismo restringe-se ao fato de que existe um proletariado organizado e compenetrado de uma consciência de classe em lugar de um punhado de conspiradores. Ele esquece que isto implica uma completa revisão das idéias sobre organização e, por conseguinte, uma concepção totalmente diferente da idéia do centralismo, assim como das relações recíprocas entre a organização e a luta.

O blanquismo não tinha em vista, absolutamente, a ação imediata da classe operária e podia, pois, dispensar a organização de massas. Ao contrário: como as massas populares apenas deviam entrar em cena no momento da revolução, enquanto que a obra de preparação dizia respeito apenas ao pequeno grupo armado para o golpe de força revolucionário, o próprio sucesso da conspiração exigia que os iniciados se mantivessem longe da massa popular. Contudo, isso era igualmente possível e realizável porque nenhum contato íntimo existia entre a atividade conspiradora de uma organização blanquista e a vida cotidiana das massas populares.

Ao mesmo tempo, a tática como também as tarefas concretas de ação, já que livremente improvisadas por inspiração e sem contato com o campo da luta de classes elementar, podiam ser fixadas em seus detalhes mais minuciosos e tomavam a forma de um plano determinado de antemão. Seguia-se, naturalmente, que os membros ativos da organização tranformavam-se em simples órgãos executivos das ordens de uma vontade fixada de antemão fora do seu próprio campo de atividade, em instrumentos de um Comitê Central. Daí essa segunda particularidade do centralismo conspirador: a submissão absoluta e cega das seções do Partido à instância central e à extensão decisiva dessa última até a extrema periferia da organização.

Radicalmente diferentes são as condições da atividade da social-democracia. Historicamente, ela surgiu da luta de classes elementar. E move-se nesta contradição dialética de que é apenas durante a luta que se recruta o exército do proletariado e que ele se conscientiza dos deveres desta luta. A organização, os progressos da consciência e o combate não são fases particulares, separadas no tempo e mecanicamente, como no movimento blanquista mas, ao contrário, são aspectos diversos de um único e mesmo processo.

1. *Que fazer?*

Por um lado, fora dos princípios gerais da luta, não existe tática já elaborada em todos os seus detalhes que um Comitê Central pudesse ensinar às suas tropas como em um quartel. Por outro lado, o processo da luta que produz a organização determina flutuações incessantes na esfera de influência da social-democracia.

Resulta daí que a centralização social-democrata não poderia fundar-se nem na obediência cega nem na subordinação mecânica dos militantes a um poder central. Por outro lado, não podem existir divisões estanques entre o núcleo proletário consciente, que forma os quadros sólidos do partido e as camadas ambientes do proletariado, já imersas na luta de classes e entre as quais a consciência de classe cresce cada vez mais. O estabelecimento da centralização sobre estes dois princípios: a subordinação cega de todas as organizações, até o mínimo detalhe, frente ao centro que, sozinho, pensa, trabalha e decide por todos, e a separação rigorosa do núcleo organizado em relação ao meio ambiente revolucionário — como Lenin o entende — parece-nos pois uma transposição mecânica dos princípios de organização blanquistas de círculos de conspiradores para movimento social-democrata das massas operárias. E parece-nos que Lenin definiu o seu ponto de vista de maneira muito mais incisiva, como nenhum de seus adversários ousara fazê-lo, quando definiu o seu "social-democrata revolucionário" como "um jacobino ligado à organização do proletariado consciente de seus interesses de classe". Na verdade, a social-democracia não está ligada à organização da classe operária, *ela é o próprio movimento da classe operária*. É necessário, portanto, que o centralismo da social-democracia seja de natureza essencialmente diferente do centralismo blanquista. Ele não poderia ser outra coisa senão a concentração imperiosa da vontade da vanguarda consciente e militante da classe operária frente a seus grupos e indivíduos particulares. É, por assim dizer, um "autocentralismo" . da camada dirigente do proletariado, é o reino da maioria no interior de seu próprio Partido.

(...) Pode-se afirmar, aliás, que este mesmo fenômeno — o papel insignificante da iniciativa consciente dos órgãos centrais na elaboração da tática — observa-se tanto na Alemanha quanto em qualquer outro lugar. Em suas grandes linhas, a tática de luta da social-democracia não deve, em geral, ser "inventada", ela é o resultado de uma série ininterrupta de grandes atos criadores da luta de classes freqüentemente elementar que procura o seu caminho.

O inconsciente precede o consciente e a lógica do processo histórico objetivo precede a lógica subjetiva de seus protagonistas. Nisso, o papel dos órgãos diretores do Partido socialista reveste-se, em grande escala, de um caráter conservador: como demonstra a experiência, cada vez que o movimento operário conquista um novo terreno, esses órgãos lavram-no até seus limites mais extremos, mas transformam-no, ao mesmo tempo, em bastião contra progressos ulteriores de mais vasta envergadura.

(...) Concedendo ao órgão diretor do Partido poderes tão absolutos de um caráter *negativo,* como quer Lenin, apenas reforça-se artificialmente a um grau bastante perigoso o conservadorismo naturalmente inerente a este órgão. Se a tática do Partido não é assunto do Comitê Central mas do conjunto do Partido ou — melhor ainda — do conjunto do movimento operário, é evidente que às seções e federações devem ter esta liberdade de ação que, sozinha, permitirá utilizar todos os recursos de uma situação e desenvolver a iniciativa revolucionária. O ultracentralismo defendido por Lenin parece-nos impregnado não de um espírito positivo e criador, mas do espírito estéril do guarda noturno. Todo o seu cuidado tende a controlar a atividade do Partido, e não a fecundá-la; a encolher o movimento ao invés de desenvolvê-lo; a sufocá-lo e não a unificá-lo (...) De fato, nada entregará tão fácil e tão seguramente, aos desejos de dominação dos intelectuais, um movimento operário tão jovem quanto o fato de coagi-lo a entrar na couraça de um centralismo burocrático que degradará o proletariado combatente, tornando-o um instrumento, às ordens de um "comitê". E, em contrapartida, nada protegerá melhor o movimento operário tão seguramente diante de todos os abusos oportunistas por parte de uma *intelligentsia* ambiciosa do que a auto-atividade revolucionária dos operários, do que o crescimento na prática de seu sentimento de responsabilidade política.

Questões de organização da social-democracia russa, 10 de julho de 1904, *in* TROTSKY, *Nos tâches politiques,* Ed. Belfond, 1970, pp. 207 a 226.

Documento 3:
ROSA LUXEMBURGO: "RÚSSIA 1905, O ELEMENTO ESPONTÂNEO"

(...) Vemos aqui esboçarem-se todos os caracteres da futura greve de massas: para começar, a ocasião que desencadeia o movimento foi fortuita e até acessória, a explosão foi espontânea.

(...) Contudo, nem aí o movimento foi desencadeado a partir de um centro, segundo um plano concebido anteriormente: desencadeia-se em vários pontos por motivos vários e sob diferentes formas para depois confluir-se.

(...) Não se pode falar nem de plano prévio, nem de ação organizada, pois o apelo dos partidos mal podia seguir as agitações espontâneas da massa; os dirigentes mal tinham tempo de formular as palavras de ordem enquanto a massa de proletários partia para o assalto.

(...) O partido social-democrata russo que, obviamente, participou da revolução, mas não foi o seu autor, e que precisou aprender as suas leis à medida do desenvolvimento desta, viu-se, por algum tempo, um pouco desorientado pelo refluxo aparentemente estéril da primeira maré de greves gerais.

(...) A greve de massas, como nos mostra a Revolução Russa, é um fenômeno tão dinâmico que reflete em si todas as fases da luta política e econômica, todos os estágios e todos os momentos da revolução. O seu campo de aplicação, a sua força de ação, os fatores de seu desencadeamento transformam-se continuamente. Ela abre repentinamente à revolução vastas e novas perspectivas no momento em que aquela parecia imersa em um impasse. E se recusa a funcionar no momento em que se crê poder contar seguramente com ela. Ora a onda do movimento invade todo o Império, ora divide-se em uma rede infinita de pequenos riachos; ora jorra do solo como uma fonte viva, ora perde-se na terra.

(...) Greves econômicas e políticas, greves de massa e parciais, greves de demonstração ou de combate, greves gerais atingindo setores particulares ou cidades inteiras, lutas reivindicativas pacíficas ou batalhas de rua, combates de barricadas — todas estas formas de luta se cruzam ou se ladeiam, se atravessam ou se ultrapassam: é um oceano de fenômenos eternamente novos e flutuantes. E a lei do movimento desses fenômenos aparece claramente: ela não reside na própria greve de massas, em suas particularidades técnicas, mas na relação de forças políticas e sociais da revolução. A greve de massas é, simplesmente, a forma tomada pela luta revolucionária e qualquer defasagem na relação das forças em lutas, no desenvolvimento do Partido e na divisão de classes, na posição da contra-revolução, tudo isso influi de imediato sobre a ação da greve por mil caminhos invisíveis e incontroláveis. Contudo, a ação da própria greve não se detém praticamente em um só instante. Ela apenas reveste-se de outras formas, modifica a sua extensão, os seus efeitos. Ela é a pulsação viva da revolução e, ao mesmo tempo, o seu motor mais possante. Em suma: a greve de massas, como a Revolução Russa nos mostra, não é um meio engenhoso inventado para reforçar efeito da luta do proletariado, mas é o próprio movimento da massa proletária, a força de manifestação da luta do proletariado durante a revolução.

(...) Em uma palavra, a luta econômica apresenta uma continuidade, é o fio que liga os diferentes nós políticos; a luta política é uma fecundação periódica que prepara o solo para as lutas econômicas. A causa e o efeito se sucedem e alternam sem cessar e, assim, o fator econômico e o fator político, bem longe de se distinguirem completamente ou até de excluírem-se reciprocamente, como pretendia o esquema pedante, constituem em um período de greves de massa dois aspectos complementares da luta de classes do proletariado na Rússia. É precisamente a greve de massas que constitui a sua unidade. A teoria sutil disseca artificialmente, com o auxílio da lógica, a greve de massas para obter uma "greve política pura"; ora, tal dissecação — como todas as dissecações — não nos permite ver o fenômeno vivo, ela nos oferece um cadáver.

(...) O elemento espontâneo representa, vimos, um papel em todas as greves de massas na Rússia seja como elemento motor, seja como freio. Contudo, isso não decorre do fato de que na Rússia a social-democracia ainda é jovem e frágil, mas do fato de que cada operação particular é resultado de uma infinidade tal de fatores econômicos, políticos, sociais, gerais e locais, materiais e psicológicos que nenhum deles pode ser definido ou calculado como um exemplo aritmético. Mesmo se o proletariado, com a social-democracia a sua testa, desempenhar aí o papel dirigente, a revolução não é uma manobra do proletariado, mas uma batalha que se desenrola, ainda que, ao redor, todos os fundamentos sociais estourem, desagreguem-se e se desloquem sem cessar. Se o elemento espontâneo representa um papel tão importante nas greves de massas na Rússia não é porque o proletariado russo é "deseducado", mas porque revolução não se aprende na escola.

Além do mais, constatamos na Rússia que esta revolução que torna tão difícil para a social-democracia tomar a direção da greve e que ora lhe arranca ora lhe estende a batuta de maestro da orquestra, resolve, em compensação, todas as dificuldades da greve, dificuldades essas que o esquema teórico, como é discutido na Alemanha, considera a principal preocupação da direção: o problema do "abastecimento", das "despesas", dos "sacrifícios materiais". Sem dúvida, ela não os resolve da maneira pela qual as decidimos, lápis na mão, durante uma pacífica conferência secreta, feita pelas instâncias superiores do movimento operário.

(...) A "norma" de todos esses problemas resume-se nisso: a revolução fez entrar em cena massas populares tão enormes que qualquer tentativa para regulamentar de antemão ou calcular as despesas do movimento — como se faz a estimativa das despesas de um processo civil — parece uma empresa desesperada. Obviamente, também na Rússia os organismos diretores tentam apoiar, na melhor das possibilidades, as vítimas do combate. É assim, por exemplo, que o Partido auxiliou durante semanas, o gigantesco *lock-out* acontecido em São Petersburgo em seguida à campanha pela jornada de 8 horas. Mas todas estas medidas são, no imenso balanço da Revolução, uma gota d'água no mar. No momento em que se inicia um período de greves de massa de grande envergadura, todas as previsões e todos os cálculos de despesas são tão vãos quanto a pretensão de esvaziar o oceano com um copo d'água.

(...) Vimos que na Rússia a greve de massas não é produto artificial de uma tática imposta pela social-democracia, mas um fenômeno histórico natural nascido sob o solo da revolução atual.

(...) Na revolução em que a própria massa aparece na cena política, a consciência de classe torna-se *concreta* e *ativa*. Por isso, um ano de revolução deu ao proletariado russo essa "educação" que 30 anos de lutas parlamentares e sindicais não podem dar artificialmente ao proletariado alemão.

Grèves de Masses, parti et syndicats, 1906, ed. Irène Petit, Maspero, 1969.

Documento 4:
ROSA LUXEMBURGO: "DISCURSO SOBRE O PROGRAMA" FIM DE DEZEMBRO DE 1918.

(...) O 9 de novembro foi uma revolução cheia de insuficiência e fraquezas. Isso não é surpreendente. Era a revolução sobrevinda após quatro anos de guerra, após quatro anos durante os quais o proletariado alemão, graças à educação que a social-democracia e os sindicatos o submeteram, testemunhou tal miséria e tal renegação de suas tarefas socialistas que não encontramos equivalente em nenhum outro país. Quando nós nos colocamos no terreno do desenvolvimento histórico — e é isso o que fazemos, como marxistas e como socialistas —, nessa Alemanha que ofereceu a horrível imagem de 4 de agosto e dos quatro anos seguintes, não se podia esperar que o 9 de novembro de 1918 fosse uma revolução grandiosa de classe, consciente de seus objetivos; os acontecimentos de 9 de novembro eram em três quartos o esboroamento do imperialismo existente do que a vitória de um princípio novo.

Chegara simplesmente o momento em que o imperialismo, como um colosso de pés de barro, podre por dentro, teria que desabar; seguir-se-ia um movimento mais ou menos caótico, sem objetivo, pouco consciente, no qual o princípio de unidade, o princípio constante e salvador resumir-se-ia na palavra de ordem: *criação de conselhos de operários e de soldados*. Essa é a palavra de convocação dessa revolução que lhe deu de imediato o ar de uma revolução socialista proletária — apesar de todas as insuficiências e fraquezas do primeiro momento.

Quando alguém vem nos falar com sarcasmo dos métodos russos, acusar-nos de ir na calda dos Bolcheviques, não devemos esquecer de responder aos operários alemães: onde vocês aprenderam o ABC de sua atual revolução? Foi com os russos que vocês aprenderam: para começar, foi entre eles que surgiram os conselhos de operários e de soldados.

E esses pequenos personagens que à testa do governo alemão, que se diz socialista, de acordo com os imperialistas ingleses, consideram como sua função aniquilar os bolchevistas russos, declaram basear-se formalmente também em conselhos de operários e de soldados, devem reconhecer que foi a Revolução Russa que emitiu as primeiras palavras de ordem da revolução mundial. Podemos dizê-lo com certeza porque é isso o que resulta de toda a situação — *qualquer que seja o país em que, após a Alemanha, estourar a revolução, e seu primeiro gesto será a criação de conselhos de operários e de soldados.*

É justamente nisso que consiste o elo de unidade internacional de nosso método, essa é a palavra de união que distingue nossa revolução de todas as revoluções burguesas precedentes. É um fato muito característico para as contradições dialéticas em que se move essa revolução, como, aliás, todas as revoluções. É que desde o 9 de novembro, emitindo o seu primeiro grito, o seu grito de nascimento, por assim dizer, ela encontrou a palavra de ordem que nos leva ao socialismo: *o poder dos conselhos de operários*.

(...) Eis como eu gostaria de resumir nossas futuras tarefas: é necessário, antes de mais nada, aperfeiçoar e estender, em todos os sentidos, o sistema de conselhos de operários. O que empreendemos no 9 de novembro são apenas inícios fracos e não podemos parar aí. Durante a primeira fase da revolução, perdemos até grandes meios de poder que possuíamos. Vocês sabem que a contra-revolução iniciou um trabalho árduo para demolir o sistema de conselhos de operários e de soldados. Em Hesse, os conselhos de operários e de soldados foram até suprimidos pelo governo contra-revolucionário; ele sabe o que faz. Quanto a nós, devemos não somente aperfeiçoar o sistema de conselhos de operários e de soldados, mas introduzir esse sistema de conselhos entre os operários agrícolas e os camponeses pobres. Fala-se de "tomar o poder", devemos propor a questão da tomada de poder da seguinte maneira: o que faz, o que pode fazer, o que deve fazer cada conselho de operários e de soldados em toda a Alemanha?

E aí é que está o problema; é preciso minar na base o Estado burguês, subtrair-lhe cada função social, não mais separando, mas unindo em todo o lugar o poder executivo, a legislação e a administração e colocando-os nas mãos dos conselhos de operários e de soldados.

Existe aí um campo enorme a trabalhar. É preciso preparar de baixo, dar aos conselhos de operários e de soldados um tal poder que quando o governo Ebert-Scheidemann, ou qualquer outro governo semelhante, for derrubado seja o fim do poder burguês e seu último ato. Assim, a conquista do poder não deve ser um ato único, mas progressiva, razão pela qual nos insinuamos e nos metemos no poder burguês até que possuamos todas as posições e as defendamos com unhas e dentes. Meu conselho e o dos camaradas do partido que me são mais próximos é que a luta econômica, também, deve ser conduzida pelos conselhos de operários. A direção das lutas econômicas e a ampliação destas lutas em caminhos cada vez maiores deve estar nas mãos dos conselhos operários. É nessa direção que devemos trabalhar em futuro próximo e, se nos propusermos esta tarefa, é lógico que devemos contar com um aumento colossal da luta para o futuro. Pois trata-se de lutar ombro a ombro, frente a frente, em cada província, em cada cidade, em cada vilarejo, em cada município para que todos os meios de ação que deverão ser arrancados à burguesia, pedaço por pedaço, sejam transferidos aos conselhos de operários e de soldados. Mas, para isso, é preciso primeiro que nossos camaradas do partido, que os proletários sejam educados. Mesmo onde existem conselhos de operários e de soldados, falta ainda a consciência daquilo a que se destinam estes conselhos.

É preciso antes educar a massa e fazê-la compreender que o conselho de operários e de soldados deve ser a alavanca da máquina social em todos os domínios, que deve apoderar-se de todos os poderes e dirigi-los todos em direção à revolução socialista. Mesmo as massas operárias que já são organizadas em conselhos de operários e de soldados estão ainda há mil léguas desta concepção, exceto, naturalmente, algumas pequenas minorias de proletários conscientes de suas tarefas. Mas isso não é um defeito, ao contrário, é normal. É tomando o poder que a massa aprenderá a exercê-lo.

Não existe outro meio de lho ensinar. Pois, felizmente, já passamos a época em que o problema era fazer a educação doutrinal, teórica, do proletariado. – Essa época parece ainda existir hoje para os marxistas da escola kautskista. Fazer a educação socialista das massas proletárias significa para eles: fazer-lhes conferências e espalhar panfletos e folhetos. A revolução, escola prática dos proletários, não precisa disso. Ela educa agindo.

Cabe dizer aqui: no início, coloca-se a ação e a ação deve consistir no fato de que os conselhos de operários e de soldados se sentem chamados e aprendem a ser o único poder público de todo o país.

(...) Penso que a história não nos torna a tarefa tão fácil quanto o era para as revoluções burguesas; não basta derrubar o poder oficial no centro e substituí-lo por algumas dúzias ou milhares de homens novos. É preciso que trabalhemos de baixo para cima e isto corresponde ao caráter da revolução proletária atual ou seja, devemos fazer a conquista do poder político não por cima, mas por baixo. O 9 de novembro foi a tentativa de abalar o poder público, a dominação de classe — tentativa fraca, incompleta, inconsciente, caótica. O que resta fazer agora é dirigir, com plena consciência, a força inteira do proletariado contra os fundamentos da sociedade capitalista. *Na base,* lá onde o empresário particular está em face de seu escravo assalariado! Na base, onde todos os órgãos de execução da dominação política de classe estão em face dos objetos desta dominação, em face das massas! É aí que devemos arrancar dos chefes do governo os seus meios de poder sobre as massas para libertá-las, passo a passo, e trazê-las a nós.

"Spartakus 1918-1919", *Masses*, n.º 15, 16 de agosto de 1934 e *Cahiers Spartacus*, 1949, 2ª série, n.º 15.

Documento 5:
ROSA LUXEMBURGO: "CONTROVÉRSIA COM OS 'PAPAS' SINDICAIS".

Desde que a social-democracia internacional dedica-se à questão da greve de massas, o tema de base dos debates, o ponto de partida de todas as discussões versando sobre o assunto é a distinção a ser feita, por um lado, entre greve geral política e greve geral sindical e, por outro, entre a concepção anarquista e a concepção social-democrata de greve geral política. A distinção entre esses tipos fundamentais de greve de massas é não somente essencial sob o plano teórico, mas também fundada historicamente, pois cada um desses tipos de greve foi experimentado em sua época — e com resultados variáveis — pelo movimento operário internacional. Confundi-los singifica, teórica e praticamente, cometer o mesmo erro que querer, em matéria de sindicalismo, identificar, como o fazem alguns professores burgueses, as coalizões de trabalhadores com os sindicatos patronais, em uma só e mesma categoria de "instâncias representativas de interesses". Aquele que não sabe distinguir a greve geral sindical da greve geral política e greve geral anarquista de greve geral social-democrata, aquele que não faz diferença entre a idéia de uma greve de solidariedade econômica para sustentar uma luta salarial precisa e a agitação política de massas da classe operária com o objetivo de conquistar direitos políticos iguais para todos, aquele que é incapaz de distinguir a greve geral de 1893 na Bélgica pela conquista do sufrágio universal ou as atuais greves gerais da Rússia, da idéia cara aos cabeças quentes *à la* Bakunin-Nieuwenhuis de instaurar o socialismo por meio de uma greve geral surpresa que se desencadearia repentinamente ao primeiro sinal, mostra evidentemente que não entende nem um pouco desta questão: inútil discutir com ele; no máximo, pode-se aconselhá-lo a começar por se instruir.

Ora, o que ouvimos no congresso dos sindicatos de Colônia? O relator Bömelburg se estende primeiro, larga e longamente, sobre o perigo geral da greve sindical de solidariedade, depois, levado pelas vagas arrebatadoras de sua eloqüência, passa sem transição do fracasso da recente greve dos vidraceiros à "greve geral social". Sobre isso, as gracinhas com as quais monta um circo tipicamente anarquista[1] encantam o público e lhe valem um verdadeiro triunfo. Após o que, conclui, sempre sem transição, por uma crítica da greve política de defesa que também se vê votada ao ultraje público graças a ardis oratórios da mais vulgar demagogia e o congresso "acentua com suas aclamações quase todas as frases do orador até a sua conclusão", como assinala o relatório do *Vorwärts!*...

O segundo adversário da greve geral, Leimpeters, desenvolve uma argumentação ainda mais notável. Declara-se, pura e simplesmente, "incapaz de fazer uma distinção qualquer entre greve geral anarquista e greve de massas social e política". E, em lugar de tirar daí a única conclusão pertinente, ou seja, de que a questão mereceria ser discutida mais longamente e que, no estado atual de coisas, qualquer decisão seria prematura, ele simplesmente deduz, de sua própria ignorância e de sua falta de discernimento, que qualquer forma de greve geral, qualquer que ela seja, deve ser proscrita.

Por sua vez, atira balas incendiárias no infeliz espantalho, que vem sendo malhado pela enésima vez, da greve geral anarquista, desencadeando no público, com suas tiradas espirituosas, uma "tumultuosa hilaridade" que fazia lembrar com inquietante nitidez, no meio desse congresso operário, os acessos de alegria dos parlamentares burgueses quando de um debate sobre "o futuro Estado" socialista.

Robert Schmidt completou dignamente o triunvirato declarando, por sua vez: "Todas as experiências provam que o uso de tal meio de luta, como o uso da violência, só reforçam a reação". "Todas as experiências"... quando as únicas experiências que foram efetivamente realizadas até esse dia no domínio da greve de massas política, a greve geral belga de 1893 e todas as recentes greves gerais da Rússia foram retumbantes sucessos! (A recente greve geral de abril de 1902, na Bélgica, evidentemente, não pode ser levada em consideração aqui, já que seu fracasso nos esclarece mais sobre a maneira de quebrar a espinha de uma greve do que sobre o modo de conduzi-la).

É impossível admitir que esses fatos permanecessem ignorados por camaradas como Robert Schmidt, Bömelburg, Leimpeters, que estão entre os mais ativos líderes sindicais. Esses fatos, que contradizem tão manifestamente suas concepções, eles os conhecem muito bem. Contudo, o que os torna totalmente errôneos, bem como à maioria dos sindicalistas que aprovaram os seus discursos em Colônia, é a compreensão em profundidade, a análise séria e sem preconceitos dos ensinamentos fornecidos pelas greves gerais que tiveram lugar no estrangeiro. Sem dúvida, a experiência belga parece indigna de um estudo aprofundado já que a Bélgica é um

---

1. Arnold Roller.

país de origem latina, logo, por definição, marcado pela "leviandade", ao qual nossos sérios sindicalistas alemães não se dignam lançar um olhar condescendente.

E a Rússia, então, esse "país selvagem", esse território do fim do mundo, que ainda não tem fundos sindicais bem fornidos, nem comissão geral de sindicatos, nem Estado-maior completo de funcionários sindicais permanentes? — como poderia passar pela cabeça de nossos sindicalistas alemães, sérios e cheios de "experiência", que é absurdo querer formular um jultamento qualquer sobre a greve geral no momento preciso em que esse método de luta, na Rússia, está tomando um aspecto de amplidão insuspeitável e torna-se exemplar e rica de ensinamentos para o mundo trabalhista inteiro!...

Todos os adversários da greve geral falaram a não acabar mais de experiências concretas, "sendo a experiência a nota dominante dos debates, o escudo que opõem aos "teóricos", aos "literatos", bem como ao exemplo do estrangeiro. E tudo isso, em virtude das "experiências" de um país que ainda não se achou capaz de tentar a menor greve geral política! De fato, o traço dominante de todo esse debate sobre a greve geral foi, não a experiência, mas o triunfo de uma estreiteza de visão que jamais se manifestara, quando dos congressos sindicais precedentes na Alemanha, com tanta evidência quanto em Colônia; o triunfo de uma mediocridade complacente, suficiente, radiante, segura de si; que se deleita e se inebria consigo mesma a ponto de se julgar acima de todas as experiências do movimento operário internacional, do qual, aliás, não compreendeu nada, e de crer-se autorizada a pronunciar julgamentos sobre um produto da história que não se preocupa com as decisões de congresso.

Essa mesma mentalidade estreita já estava a ponto de sacrificar, sem hesitação, a idéia da festa do Primeiro de Maio. É ela, ainda, que afirma para finalizar: "Não nos inquietemos! A reação nada pode contra nós! Que ela nos prive do direito de voto, do direito de coalizão, de todos os nossos direitos, à sua vontade. Mesmo assim, continuaremos fortes!" Se isso não é uma maneira irresponsável de afundar a classe operária no mais perigoso entorpecimento, embalando-a na auto-satisfação de sua força, a palavra demagogia não tem mais sentido.

Sim, somos uma força e venceremos! Frustraremos todas as manobras da reação: mas não o conseguiremos deixando-nos despojar com o coração alegre de todos os nossos direitos, nem sacrificando estouvadamente os meios de luta tais como a festa do Primeiro de Maio!

("Os debates em Colônia" de *Sächsische Arbeiterzeitung*, 30-31 de maio de 1905).

Documento 6:
KARL KAUTSKY: "UM ELEMENTO IMPORTADO DE FORA".

Vários de nossos críticos revisionistas atribuem a Marx a afirmação de que o desenvolvimento econômico e a luta de classes não apenas criam condições para a produção socialista mas também geram diretamente a *consciência* de sua necessidade. Depois, estes mesmos críticos objetam que a Inglaterra, país de desenvolvimento capitalista mais avançado, é a mais alheia a essa consciência. O projeto de programa austríaco partilha também deste ponto de vista, supostamente marxista ortodoxo, que refuta o exemplo da Inglaterra. O projeto diz: "Quanto mais o proletariado aumenta, em conseqüência do desenvolvimento capitalista, mais é coagido e tem possibilidade de lutar contra o capitalismo. O proletariado chega à consciência" da possibilidade e da necessidade do socialismo. Em conseqüência, a consciência socialista seria resultado necessário, direto, da luta de classes do proletariado. Isso é inteiramente falso.

Como doutrina, o socialismo tem, evidentemente, suas raízes nas relações econômicas atuais no mesmo grau que a luta de classes do proletariado; da mesma forma que a última, ele decorre da luta contra a pobreza e a miséria das massas, geradas pelo capitalismo. Mas o socialismo e a luta de classes surgem e não se engendram um do outro; surgem de premissas diferentes. A consciência socialista, hoje, só pode brotar na base de um profundo conhecimento científico. De fato, a ciência econômica contemporânea é tanto condição da produção socialista quanto, por exemplo, a técnica moderna e, apesar de todo o seu desejo, o proletariado não pode criar nem uma nem outra; todos os dois surgem do desenvolvimento social contemporâneo.

Ora, o portador da ciência não é o proletariado, mas os *intelectuais burgueses*; de fato, foi o cérebro de alguns indivíduos dessa categoria que nasceu o socialismo contemporâneo e através deles é que foi comunicado aos proletários intelectualmente mais desenvolvidos, que o introduzem, em seguida, na luta de classes do proletariado onde as condições o permitem. Logo, dessa forma, a consciência socialista é um elemento importado de fora na luta de classes do proletariado e não algo que surge originalmente dela. Por isso, o velho programa de 1888 do Partido dizia, muito acertadamente, que a tarefa da social-democracia é introduzir no proletariado a consciência da sua situação e a consciência de sua missão. Não havia necessidade de fazê-lo se essa consciência emanasse por si mesma da luta de classe.

(*Neue Zeit*, 1901-1902, XX, I, nº 3, p. 79 e em francês in LENIN, *Que faire?* 1902, ed. J.-J. Marie, Le Seuil, 1966, pp. 94-95.

Documento 7:
LENIN: "A ESPONTANEIDADE DAS MASSAS E A CONSCIÊNCIA DA SOCIAL-DEMOCRACIA".

(...) A questão das relações entre a consciência e a espontaneidade oferece um imenso interesse geral e pede um estudo bastante detalhado.

No capítulo precedente, assinalávamos o entusiasmo geral que a juventude russa cultivou pela teoria marxista por volta de 1895. É mais ou menos nessa época que as greves operárias, após a famosa guerra industrial de 1896 em São Petersburgo, revestiram-se também de um caráter geral. A sua extensão a toda Rússia atestava claramente a profundidade do movimento popular que ascendia de novo e, se quisermos falar do "elemento espontâneo", este movimento de greves merece, certamente mais do que qualquer outro, o nome de espontâneo. Mas existe espontaneidade e espontaneidade. Houve, na Rússia, greves nos anos 70 e nos anos 60 (e até na primeira metade do século XIX), greves acompanhadas por destruição "espontânea" de máquinas, etc. Comparadas a estas "motins", as greves pós-1890 poderiam ser qualificadas até de "conscientes", tanto o movimento operário progredira no intervalo.

Isso nos mostra que o "elemento espontâneo" é, no fundo, apenas a *forma embrionária* do consciente. Os motins primitivos já exprimiam um certo despertar da consciência: os operários perdiam sua fé secular na estabilidade inabalável da ordem social que os oprimia; começavam, não diria, compreender, mas sentir a necessidade de uma resistência coletiva e rompiam resolutamente com a submissão servil às autoridades. Entretanto, era bem mais uma manifestação de desespero e de vingança do que uma *luta*. Nas greves pós-1890 revelam-se muito mais lampejos de consciência: os grevistas formulam reivindicações precisas, tentam prever o momento mais favorável, discutem alguns casos e alguns exemplos de outras localidades, etc. Se as rebeliões eram, simplesmente, revolta de oprimidos, as greves sistemáticas já eram embriões — mas nada além de embriões — da luta de classes. Tomadas em si mesmas, estas greves eram uma luta *trade-unionista* mas ainda não social-democrata; marcavam o despertar do antagonismo entre operários e patrões; mas os operários não tinham e nem podiam ter consciência da oposição irredutível de seus interesses com toda a ordem política e social existente, ou seja, a consciência social-democrata. Neste sentido, as greves pós-1890, apesar do imenso progresso que representavam em relação aos "motins", permaneceram um movimento puramente espontâneo.

Os operários, dissemos, *não podiam ter* ainda a consciência social-democrata. Esta só lhes podia vir do exterior. A história de todos os países atesta que, por suas exclusivas forças, a classe operária só pode chegar à consciência trade-unionista, ou seja, à convicção de que é preciso unir-se em sindicatos, lutar contra os patrões, reclamar do governo as leis necessárias aos operários, etc. Quanto à doutrina socialista, ela nasceu de teorias filosóficas, históricas, econômicas elaboradas pelos representantes cultos das classes possuidoras, pelos intelectuais. Os fundadores do socialismo científico contemporâneo, Marx e Engels, eram, eles mesmos, por sua situação social, intelectuais burgueses. Na Rússia, igualmente, a doutrina social-democrata surgiu de forma totalmente independente do crescimento espontâneo do movimento operário, como resultado natural e inelutável do desenvolvimento do pensamento entre os intelectuais revolucionários socialistas. Na época de que falamos, ou seja, nos idos de 1895, esta doutrina era não apenas o programa perfeitamente estabelecido do grupo "Emancipação e Trabalho" mas, também, conquistara a maioria da juventude revolucionária da Rússia.

Assim, pois, surgem, ao mesmo tempo, um despertar espontâneo das massas operárias para a vida consciente e para a luta consciente e uma juventude revolucionária que, armada com a teoria social-democrata, morria de vontade de se unir aos operários. A este propósito, convém, em particular, demonstrar o fato freqüentemente esquecido (e relativamente pouco conhecido) de que os *primeiros* sociais-democratas deste período, *que se entregaram com ardor à agitação econômica* (levando estritamente em conta, com relação a isso, as indicações verdadeiramente úteis do panfleto *Da Agitação*, ainda manuscrito na época), longe de considerar esta agitação como tarefa única, atribuem, *desde o começo*, à social-democracia russa as maiores tarefas históricas em geral e a tarefa de derrubar a autocracia em particular.

(. . .) Não nos passa pela cabeça a idéia de censurar aos militantes de então a sua despreparação. Mas, para lucrar com a experiência do movimento e tirar dele lições práticas, é preciso perceber plenamente as causas e a importância desse ou daquele defeito. É por isso que convém considerar, principalmente, que uma parte (ou mesmo a maioria) dos militantes sociais-democratas de 1895-1898 considerava, com justa razão, como possível nesta mesma época, no próprio começo do movimento "espontâneo", preconizar um programa e uma tática de combate da maior amplidão. Ora, a despreparação da maioria dos revolucionários, sendo um fenômeno perfeitamente natural, não podia suscitar nenhuma apreensão particular. Do momento em que a definição de tarefas estivesse correta, e que se tivesse energia bastante para tentar executá-las de novo, os insucessos momentâneos eram apenas um mal menor. A experiência revolucionária e a habilidade organizadora se adquirem.

(. . .) Mas o mal menor tornou-se um verdadeiro mal quando esta consciência começou a se ofuscar (estava, entretanto, bastante viva entre os militantes dos grupos mencionados mais acima), quando apareceram pessoas — e até órgãos sociais-democratas — dispostos a transformar os defeitos em virtudes e que tentaram até justificar *teoricamente* o seu *culto servil ao espontâneo*. É tempo de se fazer o balanço desta tendência, caracterizada, mui inexatamente, pelo termo "economismo", demasiado estreito para exprimir-lhe o conteúdo.

(. . .) Em lugar de conclamar para ir adiante, para consolidar a organização revolucionária e ampliar a atividade política conclamava para *voltar atrás* rumo à exclusiva luta trade-unionista. Proclamava-se que "a insistência eterna no ideal político repelia para a sombra os fundamentos econômicos do movimento", que a divisa do movimento operário é a "luta pela situação econômica" (!) ou, melhor ainda, "os operários pelos operários"; declarava-se que os fundos de greve "valem mais para o movimento que uma centena de outras organizações". (. . .) As fórmulas do gênero: É preciso colocar em primeiro plano não "a nata" dos operários, mas o operário "médio", o operário de fileira; ou: "O político sempre segue docilmente o econômico", etc., etc. tornam-se moda e adquirem uma influência irresistível sobre a massa dos jovens atraídos ao movimento e que, na maioria, conhecem apenas os fragmentos do marxismo sob o seu aspecto legal.

Encontrava-se aí o esmagamento completo da consciência pela espontaneidade — pela espontaneidade dos "sociais-democratas" (...), pela espontaneidade dos operários seduzidos pelo argumento de que um aumento, mesmo de um copeque por rublo, atingia-os mais do que todo o socialismo e toda a política, de que deviam "lutar sabendo que o faziam não por vagas gerações futuras mas para si mesmos e seus filhos".

(...) Os partidários do "movimento puramente operário", os adeptos da ligação mais estreita e mais "orgânica" com a luta do proletariado, os adversários de toda a *intelligentsia* não-operária (fosse ela socialista) são obrigados, para defender a sua posição, a recorrer aos argumentos dos "puros trade-unionistas" *burgueses*. (...) Isto mostra (...) que *todo* o culto da espontaneidade do movimento operário, toda a diminuição do papel do "elemento consciente", do papel da social-democracia *significa,* por isso mesmo — *queiramos ou não, isso não muda nada — um fortalecimento da influência da ideologia burguesa sobre os operários*. Todos aqueles que falam de "superestimação da ideologia", do exagero do papel do elemento consciente, etc., acreditam que o movimento puramente operário é, por si só, capaz de elaborar e elaborará para si uma ideologia independente, com a única condição de que os operários "arranquem seu destino das mãos de seus dirigentes". Mas isso é um erro profundo.

Que faire? 1902, ed. J.-J. Marie, Le Seuil, 1966.

Documento 8:
LENIN: "BUROCRATISMO E ORGANIZAÇÃO".

(...) Passemos a uma outra resolução, assinada por quatro membros da antiga redação, o camarada Axelrod na liderança. Reencontramos aqui todas as acusações principais contra a "maioria", mais de uma vez lembradas depois nos jornais. Seria mais cômodo analisá-los justamente na formulação dos membros do círculo redacional. As acusações visam o "sistema de gestão autocrata-burocrático do partido", o "centralismo burocrático" que, ao contrário do "centralismo verdadeiramente social-democrata" define-se assim: ele "coloca em primeiro plano não a união interna mas a unidade exterior, formal, realizada e protegida por meios puramente mecânicos, esmagando sistematicamente as iniciativas individuais e as atividades sociais"; por isso, "por sua própria essência, é incapaz de reunir, organicamente, os elementos constitutivos da sociedade".

De qual "sociedade" falam aqui o camarada Axelrod e companhia, só Alá sabe. O próprio camarada Axelrod visivelmente não sabia muito bem se redigia uma moção de *zemstvo**sobre as refor-

---

* Assembléia provincial na Rússia czarista. (N. da T.)

mas desejáveis na gestão ou se fazia expandirem-se as lamentações da "minoria". Que *pode significar* "autocratismo" no partido, que os "redatores" descontentes denunciam? O autocratismo é um poder supremo, sem controle, sem responsabilidade, poder de uma única pessoa não eleita. Os textos da "minoria" atestam muito bem que *apenas a mim* tomam por este autocrata. No momento em que se redigia e adotava a resolução considerada, fazíamos, Plekhanov e eu, parte do órgão central. Conseqüentemente, o camarada Axelrod e companhia exprimem a sua certeza de que Plekhanov e todos os membros do Comitê Central "dirigiam o partido" segundo a *vontade* do autocrata Lenin e não, segundo os pontos de vista deles, para o bem da causa. A acusação de autocratismo leva, necessária e infalivelmente, a considerar todos os outros participantes da direção, exceto o autocrata, como simples instrumentos em mãos estranhas, como peões, agentes de execução da vontade de outrem. E perguntamos ainda mais uma vez: está aí verdadeiramente a "divergência de princípio" do mui honorável camarada Axelrod?

Parece evidente que as lamentações sobre o famoso burocratismo tendem simplesmente a dissimular o descontentamento contra o efetivo dos organismos centrais; que existe aí uma folha de parreira destinada a esconder as infrações com promessas feitas solenemente no congresso. Você é um burocrata porque você foi designado pelo congresso contra a minha vontade; você é um formalista porque se apóia nas decisões formais do congresso e não no meu consentimento; você age de modo grosseiramente mecânico pois vale-se da maioria "mecânica" do congresso do partido e não percebe o meu desejo de ser cooptado; você é um autocrata porque não quer entregar o poder nas mãos da velha e boa capela que defende tanto mais energicamente a "continuidade" de seu espírito de grupo, quanto a desaprovação direta, deste, pelo congresso lhe é desagradável.

Não existe e jamais existiu nenhum conteúdo *real* além daquele que foi indicado em suas lamentações sobre o burocratismo[1]. E é justamente esse procedimento de luta que mostra mais uma vez a inconstância intelectual da minoria. Esta queria convencer o partido de ter escolhido mal os seus organismos centrais. Convencer, mas como? Criticando a *Iskra,* da qual Plekhanov e eu assumimos a direção? Não, eles não tinham força bastante para fazê-lo. Queriam convencer pela recusa de uma fração do partido em trabalhar sob a direção de centros abomináveis. Mas nenhum organismo central de nenhum partido do mundo poderá demonstrar a sua capacidade de dirigir os que se recusam a submeter-se à direção. Recusar submeter-se à direção dos organismos centrais é recusar ser membro do partido, é destruir o partido. Não é um meio de persuasão, é um meio de *destruição.* Substituir a destruição pela persuasão é mostrar falta de firmeza de princípio, falta de fé em suas idéias.

1. Basta lembrar que o camarada Plekhanov deixou de ser aos olhos da minoria um partidário do centralismo burocrático depois que procedeu à salutar cooptação.

Fala-se de burocratismo. O burocratismo pode se traduzir em russo pela palavra precedência. O burocratismo é a submissão dos interesses da *causa* pelos interesses da *carreira;* é reservar uma atenção firme aos sinecuras e ignorar o trabalho, bater-se pela *cooptação* em vez de lutar pelas *idéias.* Semelhante burocratismo é, de fato, absolutamente indesejável e prejudicial ao partido e deixo tranqüilamente ao leitor o cuidado de julgar qual das duas frações, atualmente em luta no nosso partido, é responsável por esse burocratismo. Fala-se de métodos de união grosseiramente mecânicos. Sem dúvida, os processos grosseiramente mecânicos são prejudiciais; mas, ainda dessa vez, deixo ao leitor o cuidado de julgar se é possível imaginar-se um meio mais grosseiro e mais mecânico de luta entre a nova e a antiga orientação do que a introdução de pessoas nas organizações do partido antes de se ter podido convencer este da justeza das novas concepções, antes de se ter exposto ao partido essas concepções.

(...) Quantas vezes o camarada Martov e todos os outros "mencheviques" se empenharam, de modo não menos infantil, a me censurar a "contradição" seguinte. Toma-se uma citação do *Que fazer?* ou das "Cartas a um camarada" onde se fala da ação ideológica, da luta pela influência, etc., e se lhe opõem a ação "burocrática", por meio de estatutos, à tendência "autocrática" que se apóia no poder, etc. Ingênuos! Já esqueceram que *outrora* o nosso partido não era um todo formalmente organizado mas somente uma soma de grupos particulares, o que faz com que entre esses grupos não possa haver outras relações que não a ação ideológica. *Agora,* tornamo-nos um partido organizado e isso significa a criação de um poder, a transformação do prestígio das idéias em prestígio do poder, a subordinação das instâncias inferiores às instâncias superiores do partido. Verdadeiramente, é até constrangedor repisar para velhos camaradas estas verdades primeiras, quando se percebe sobretudo que se trata simplesmente da recusa da minoria a se submeter à maioria no problema das eleições! Mas, *em princípio,* todos estes esforços em censurar-me a contradição reduzem-se *inteiramente* a uma frase anarquista. A nova *Iskra* não ficaria aborrecida em tirar vantagem do título e do direito de organismo do partido, mas ela não tem vontade de se submeter à maioria do partido.

Se existe um princípio nas frases sobre o burocratismo, se não é uma negação anárquica do dever, da parte de uma parte, de submeter-se ao todo, estamos em presença de um princípio de *oportunismo* que quer diminuir a responsabilidade de alguns intelectuais diante do partido do proletariado, diminuir a influência dos organismos centrais, acentuar a autonomia dos elementos do partido menos firmes, reduzir as relações de organização a um reconhecimento verbal puramente platônico.

(...) Outra referência de Axelrod — desta vez aos "Jacobinos" — é ainda mais instrutiva. Axelrod não ignora, aparentemente, que a divisão da atual social-democracia em ala revolucionária e ala oportunista há muito já deu lugar, e não somente na Rússia, a "analogias históricas tomadas da época da grande Revolução Francesa". Axelrod não ignora, aparentemente, que os *Girondinos da atual social-democracia* recorrem sempre e em todo o lugar aos termos "jacobinismo", "blanquismo", etc., para caracterizar os seus adversários.

(...) As "palavras terríveis" jacobinismo, etc. não exprimem absolutamente nada a não ser *oportunismo*. O jacobino ligado indissoluvelmente à *organização* do proletariado, doravante *consciente* de seus interesses de classe, é justamente o *social-democrata revolucionário*. O girondino que suspira pelos professores e colegiais, que teme a ditadura do proletariado, que sonha com o valor absoluto das exigências democráticas, é, justamente, o *oportunista*. Somente os oportunistas podem ainda, em nossa época, ver um perigo nas organizações conspiradoras, quando a idéia de reduzir a luta política às proporções de uma conspiração foi mil vezes refutada nos escritos, refutada e eliminada há muito pela vida, quando a importância cardeal da agitação política de massas foi explicada e repisada até a exaustão. O verdadeiro motivo deste medo da conspiração, do blanquismo, não é esta ou aquela característica do movimento prático (como Bernstein e companhia procuram há muito — mas em vão — fazer crer), mas a timidez girondina do intelectual burguês cuja mentalidade desponta tão freqüentemente entre os atuais sociais-democratas.

(...) O *seguidismo em matéria de organização* é um produto natural inevitável da psicologia do *individualista anarquista* que quer erigir em um *sistema de concepções*, em *divergências de princípio* particulares, os seus desvios anarquistas (no começo talvez acidentais). No congresso da Liga, vimos os primórdios deste anarquismo; na nova *Iskra*, vemos a tentativa para erigi-lo em um sistema de concepções. Estas tentativas confirmam, admiravelmente, a opinião já emitida no congresso do partido sobre a diferença de pontos de vista do intelectual burguês que adere à social-democracia e do proletário que tomou consciência de seus interesses de classe. Assim, o próprio "Praktik" da nova *Iskra*, com a profundidade de espírito que conhecemos nele, acusa-me de conceber o partido como uma "imensa fábrica" encabeçada por um diretor, o Comitê Central (nº 57, suplemento). O "Praktik" não desconfia até que a palavra terrível que emite trai de vez a psicologia do intelectual burguês que não conhece nem a prática nem a teoria da organização proletária. Essa fábrica que, para alguns, parece ser um espantalho, nada mais é a forma superior da cooperação capitalista, que agrupou, disciplinou o proletariado, ensinou-lhe a organização, colocou-a à frente de todas as outras categorias da população laboriosa e explorada. É o marxismo, ideologia do proletariado educado pelo capitalismo, que ensinou e ensina aos intelectuais inconstantes a diferença entre o lado explorador da fábrica (disciplina baseada no medo de morrer de fome) e o seu lado organizador (disciplina baseada no trabalho em comum resultante de uma técnica altamente desenvolvida). A disciplina e a organização, que o intelectual burguês custou tanto a adquirir, são assimiladas muito facilmente pelo proletariado, graças justamente a esta "escola" da fábrica.

O medo mortal desta escola, a incompreensão absoluta de sua importância como elemento de organização caracterizam bem o modo de pensar que reflete as condições de existência pe-

queno-burguês, geram esse aspecto do anarquismo que os sociais-
-democratas alemães chamam de *Edelanarchismus*, ou seja, o anarquismo do cavalheiro "distinto", o anarquismo de grão-senhor, diria eu. Este anarquismo de grão-senhor é particularmente adequado ao niilista russo. A organização do partido parece-lhe uma monstruosa fábrica; a submissão do partido ao todo e da minoria à maioria se lhe afigura uma "escravização" (cf. os folhetins de Axelrod); a divisão do trabalho sob a direção de um centro fê-lo emitir clamores tragicômicos contra a transformação dos homens em "molas e engrenagens" (e vê uma forma particularmente intolerável desta transformação na transformação dos redatores em colaboradores); a simples lembrança dos estatutos da organização do partido provoca nele uma careta de desprezo e a observação desdenhosa (endereçada aos "formalistas") de que poder-se-ia dispensar inteiramente os estatutos.

É inacreditável, mas é assim, e é bem a observação edificante que o camarada Martov endereça a mim no nº 58 da *Iskra*, invocando, para maior consistência, as minhas próprias palavras da "Carta a um camarada". Não é isso "anarquismo de grão-senhor"? Não é praticar o "seguidismo" *justificar* com exemplos tirados da época da dispersão e dos círculos a conservação e a glorificação do espírito de grupo e da anarquia numa época em que se constituiu o Partido?

Por que anteriormente não tínhamos necessidade de estatutos? Porque o partido era formado de círculos isolados que não tinham nenhuma ligação orgânica entre si. Passar de um círculo a outro dependia unicamente da "boa vontade" desse indivíduo que não tinha perante si nenhuma expressão nitidamente definida da vontade de um todo. As questões controvertidas no interior dos círculos não eram decididas conforme estatutos, *"mas pela luta e pela ameaça de ir embora"*, como escrevia eu na "Carta a um camarada", apoiando-me na experiência de uma série de círculos em geral e, em particular, de nosso próprio grupo de seis redatores. Na época dos círculos, a coisa era natural e inevitável; mas não vinha à cabeça de ninguém gabá-la, ver nela um ideal; todos queixavam-se desta dispersão; todos sofriam com isso e esperavam com impaciência a fusão dos círculos dissociados em um partido regularmente organizado. E agora que a fusão se fez, somos puxados para trás e servem-nos, sob o pretexto de princípios de organização superiores, uma fraseologia anarquista! Às pessoas acostumadas ao folgado roupão e aos chinelos da indolente e familiar existência de um círculo, os estatutos formais parecem estreitos, incômodos, opressores, subalternos, burocráticos, escravizantes e sufocantes para o livre "processo" da luta ideológica. O anarquismo de grão-senhor não entende que estatutos formais são necessários precisamente para substituir os elos estreitos dos círculos pela grande ligação do partido. O elo, no interior dos círculos ou entre eles, não devia, nem podia, revestir-se de uma forma precisa pois era fundado no espírito de camaradagem ou em uma "confiança" incontrolada e não motivada. A união de partido não pode e nem deve fundar-se nem em uma nem em outra, mas em estatutos *formais*, redigidos "burocraticamente" (do ponto de vista do intelectual disciplinado) cuja estrita observação somente nos previne contra o arbítrio e os caprichos dos círculos, contra as diputazinhas de grupo chamada livre processo da luta ideológica.

(...) O proletário que freqüentou a escola da "fábrica" pode e deve dar uma lição ao individualismo anárquico. O operário consciente saiu há muito das fraldas: já vai longe o tempo em que fugia do intelectual como tal. O operário consciente sabe apreciar esta bagagem mais rica de conhecimentos, este horizonte político mais vasto que encontra entre os intelectuais sociais-democratas. Mas, à medida que se forma entre nós um *verdadeiro* partido, o operário consciente deve aprender a distinguir entre a psicologia do combatente do exército proletário e a psicologia do intelectual burguês que exibe a frase anarquista; deve aprender a *exigir* o cumprimento das obrigações que cabem aos membros do Partido — não apenas dos simples filiados mas também do pessoal "lá de cima"; deve aprender a esmagar com o seu desprezo o seguidismo nas questões de organização como o desprezava outrora nas questões de tática.

A única tentativa de *analisar* a noção de burocratismo vem da nova *Iskra* (n.º 53) que opõe o "princípio *democrático* formal" (é o autor que sublinha) ao "princípio *burocrático* formal". Esta oposição (infelizmente tão pouco desenvolvida e pouco explicada quanto à alusão aos não-iskristas) encerra um grão de verdade. O burocratismo *versus* o democratismo é, na verdade, o centralismo *versus* o autonomismo; é o princípio de organização da social--democracia revolucionária em relação ao princípio de organização dos oportunistas da social-democracia. O último tende a elevar-se da base à cúpula, daí por que defende em toda a parte onde é possível e tanto quanto possível o autonomismo, o "democratismo" que chega (entre os que têm zelo em excesso) até o anarquismo. O primeiro tende a descer da cúpula à base, preconizando a extensão dos direitos e dos plenos poderes do centro em relação à parte. No período da dispersão e dos círculos, esta cúpula, da qual a social-democracia queria fazer o seu ponto de partida no domínio da organização, era necessariamente um dos círculos mais influentes por sua atividade e sua constância revolucionária (neste caso a organização da *Iskra*). À época do restabelecimento da unidade verdadeira do partido e da dissolução nesta unidade dos círculos que tiveram seu tempo, esta cúpula é necessariamente o *congresso do partido,* organismo supremo do último. O congresso agrupa, na medida do possível, todos os representantes das organizações ativas e, nomeando as instituições centrais (com freqüência de forma a satisfazer mais os elementos avançados do que os elementos retardatários do partido, a fazer mais o gosto da ala revolucionária do que da ala oportunista) constitui a cúpula até o congresso seguinte. Assim acontece, pelo menos entre os sociais-democratas da Europa, ainda que pouco a pouco, não sem dificuldades, não sem luta ou sem chicana, este costume fundamentalmente odioso aos anarquistas começa a estender-se igualmente aos sociais-democratas da Ásia.

(...) Um passo à frente, dois para trás. Isto se vê na vida dos indivíduos, na história das nações e no desenvolvimento dos partidos. Seria a mais criminosa das covardias duvidar um instante do triunfo certo e completo dos princípios da social-democracia revolucionária, da organização proletária e da disciplina do partido. Já temos muitas conquistas em nosso ativo; devemos continuar a luta sem nos deixar desencorajar pelos reveses; lutar com firmeza e desprezar os processos pequeno-burgueses das disputazinhas de grupos; fazer tudo o que estiver em nosso poder para preservar o elo que une no partido todos os sociais-democratas da Rússia, elo estabelecido a custo de tantos esforços. Por meio de um trabalho pertinaz e sistemático, mostrar plena e conscientemente a todos os membros do partido e, principalmente, aos operários, as obrigações dos membros do partido, a luta no II Congresso do partido, todas as causas e peripécias de nossas divergências, o papel funesto do oportunismo que, no domínio da organização como também no que concerne ao nosso programa e à nossa tática, bate em retirada, impotente, diante da psicologia burguesa, adota sem espírito crítico o ponto de vista da democracia burguesa, embota a arma de luta de classes do proletariado.

O proletariado não tem outra arma na sua luta pelo poder a não ser a organização. Dividido pela concorrência anárquica que reina no mundo burguês, oprimido sob um labor servil pelo capital, constantemente rejeitado para o "submundo" da miséria negra, de uma selvagem incultura e da degenerescência, o proletariado pode tornar-se — e tornar-se-á, infalivelmente — uma força invencível pela única razão de que a sua união ideológica, baseada sobre os princípios do marxismo, é cimentada pela unidade material da organização que agrupa os milhões de trabalhadores em um exército da classe operária. A este exército, não poderão resistir nem o poder decrépito da autocracia russa, nem o poder em decrepitude do capital internacional. Este exército cada vez mais cerrará as suas fileiras apesar de todos os ziguezagues e recuos, apesar da fraseologia oportunista dos girondinos da atual social-democracia, apesar dos elogios, cheios de auto-suficiência, prodigalizado com o espírito de grupo atrasado, apesar do falso brilho e do alarido do anarquismo de *intelectual*.

(Un pas en avant, deux pas en arrière, fevereiro-maio de 1904, Moscou, Ed. em línguas estrangeiras.

Documento 9:
LENIN: "RESPOSTA A ROSA LUXEMBURGO"[1].

O artigo da camarada Rosa Luxemburgo (. . .) é uma análise e uma crítica, ao mesmo tempo, de meu livro sobre a crise em nosso Partido.

Não posso deixar de agradecer aos camaradas alemães por seguirem com atenção os escritos de nosso Partido e por esforça-

1. Resposta ao artigo "Questions d'organisation de la social-démocratie russe".

rem-se em levá-los ao conhecimento da social-democracia, mas devo dizer que o artigo de Rosa Luxemburgo, que a *Neue Zeit* publicou, mostrou aos leitores deste jornal não o meu livro mas algo bem diferente. É isto o que se depreende dos exemplos que vou dar.

A camarada Luxemburgo diz, principalmente, que o meu livro é a expressão clara e nítida, enquanto tendência, de um "centralismo que não leva nada em conta". Ela supõe assim que me faço defensor de um modo de organização contra outro. Na realidade, isto não é exato. Ao longo de minha obra, da primeira à última página, defendo os princípios elementares de toda forma de organização concebível pelo nosso Partido. Meu livro examina não a diferença que há entre um modo de organização e outro, mas de que maneira convém apoiar, criticar ou corrigir qualquer destes modos sem ir contra os princípios do Partido.

A camarada Rosa Luxemburgo confundiu duas coisas: 1.º) confundiu o projeto relativo às questões de organização que redigi com aquele que a comissão adotou após tê-lo modificado e, por outro lado, confundiu este projeto com os estatutos que o Congresso aprovou; 2.º) confundiu um parágrafo dos estatutos que defendi com certa energia (não é absolutamente exato que defendendo este parágrafo não levei nada em conta, já que no Congresso não fiz objeções às modificações introduzidas pela Comissão) com a tese (verdadeiramente "ultracentralista") que sustentei, ou seja, que os estatutos adotados pelo Congresso devem ser aplicados enquanto não forem modificados por outro congresso. Esta tese (puramente "blanquista" como qualquer leitor pode perceber ao primeiro olhar) defendi, de fato, em meu livro sem levar em conta o que quer que seja.

A camarada Luxemburgo declara que, segundo eu, "o Comitê central é o único núcleo ativo do Partido". Na realidade, isto não é exato. Jamais defendi esta opinião. Pelo contrário, meus adversários (a minoria do II Congresso) censuraram-me, em seus escritos, o fato de não defender suficientemente a soberania do Comitê Central e de o submeter demais ao Comitê da Redação do nosso Órgão central no exterior e ao Conselho de partido. A esta censura, respondi em meu livro que, quando a maioria fez prevalecer o seu ponto de vista no Conselho, jamais procurou restringir a soberania do Comitê Central; mas, foi o que aconteceu a partir do momento em que o Conselho do partido tornou-se um instrumento de luta nas mãos da minoria.

A camarada Rosa Luxemburgo pretende que ninguém na social-democracia russa duvida da necessidade de um partido unificado e que a discussão simplesmente gira em torno de um maior ou menor centralismo. Na realidade, isto não é exato. Se a camarada Rosa Luxemburgo se tivesse dado ao trabalho de tomar conhecimento das resoluções enviadas pelos numerosos comitês locais do Partido que formam a maioria, teria compreendido logo (depreende-se isto com clareza de meu livro) que a discussão versou principalmente sobre a questão de saber se o Comitê Central e o Órgão Central do Partido devem refletir ou não a tendência da maioria do Congresso. Nossa prezada camarada não diz uma palavra sobre a concepção "ultracentralista" e puramente "blanquista", prefere gastar palavras contra a submissão mecânica da parte ao todo, contra a obediência servil, cega e outros horrores do gênero.

Fico muito agradecido à camarada Rosa Luxemburgo pelos esclarecimentos que ela dá sobre a idéia profunda de que a submissão cega seria mortal para o Partido; mas queria saber se a camarada acha normal, se ela julga admissível, se ela já viu em outro partido a minoria de um congresso deter a maioria nos organismos centrais, que se apresentam como organismos do Partido? A camarada Rosa Luxemburgo pretende que eu ache que existem na Rússia todas as condições exigidas para organizar um grande Partido operário ultracentralizado. Novamente, os fatos desmentem esta alegação. Em nenhuma parte de meu livro defendi e nem mesmo exprimi este ponto de vista. Assinalei que todas as condições se juntaram agora para que as decisões do Congresso sejam aceitas e aplicadas e que já passou o tempo em que se podia substituir a direção colegiada do Partido por um círculo privado.

Demonstrei que alguns "antigos" de nosso Partido deram prova de sua falta de lógica e de firmeza e que não têm direito de responsabilizar o proletariado russo por sua indisciplina. De fato, os operários russos pediram várias vezes em diversas ocasiões que fossem respeitadas as decisões do Congresso. É totalmente ridículo que a camarada Rosa Luxemburgo possa classificar esta maneira de ver de "otimista" (não seria melhor tratá-la de "pessimista"?) e, ao mesmo tempo, deixar passar completamente em branco a minha posição.

A camarada Luxemburgo escreve que eu me gabo do valor educativo da fábrica. É inexato; não sou eu mas o meu adversário que afirmou que comparo o Partido a uma fábrica. Ridicularizei este opositor como convém, servindo-me de seus próprios termos para demonstrar que ele confunde dois aspectos da disciplina de fábrica, o que, infelizmente, também é o caso da camarada Luxemburgo.

A camarada Luxemburgo, declara que, ao mostrar o social--democrata revolucionário como um jacobino ligado aos operários organizados e animados com o espírito de classe, eu dei, talvez melhor do que qualquer de meus adversários, uma definição muito característica de meu ponto de vista. Novamente, existe aí um erro de fato. Não fui eu, mas P. Axelrod que primeiro falou de jacobinismo. Axelrod foi o primeiro a comparar os nossos grupos com os da Revolução Francesa. Limitei-me a observar que só se pode estabelecer este paralelo se admitirmos que a divisão da social--democracia atual, oportunista e revolucionária, corresponde em certa medida à divisão entre "Montanheses" e Girondinos. A antiga *Iskra* fez muitas vezes este paralelo. Admitindo que uma divisão do gênero realmente existia, a *Iskra*, reconhecida pelo Congresso, combatia a ala oportunista de nosso Partido (...) Rosa Luxemburgo confunde aqui a correlação entre as duas correntes revolucionárias dos séculos XVIII e XX com sua identificação. Se declaro, por exemplo, que comparar o *Pequeno Scheidegg* à *Jungfrau* é o mesmo que compara uma casa de dois andares com uma de quatro, isto não quer dizer para mim que a casa de quatro andares e a *Jungfrau* são uma só e mesma coisa.

A camarada Luxemburgo perde completamente de vista que deveria basear a sua análise no fato real que constituem as diversas tendências de nosso Partido. Ora, justamente consagro mais da metade de meu livro a esta análise, baseando-me nas atas do Congresso e, no prefácio, chamo a atenção para isso. Rosa Luxemburgo afirma falar do estado atual do Partido e omite que o nosso Congresso, a bem da verdade, deu uma base real ao último. Confessemos tratar-se de uma empresa arriscada. Tão arriscada que, como mostro várias vezes em meu livro, meus adversários não estão a par do que aconteceu em nosso Congresso, o que explica que suas alegações não têm fundamento.

A própria camarada Luxemburgo cometeu este engano. Limita-se a repetir frases ocas sem procurar dar-lhes um sentido. Agita espantalhos sem ir ao fundo do debate. Põe na minha boca lugares-comuns, idéias gerais, verdades absolutas e não diz uma palavra sobre as verdades relativas que se apóiam em fatos precisos e que limito-me a lembrar. Chega até a queixar-se de minhas banalidades, apelando para a dialética de Marx. Ora, o artigo de nossa estimada camarada encerra justamente coisas banais e imaginárias que estão em contradição com o ABC da dialética. Este ABC diz que não existem verdades abstratas e que uma verdade é sempre concreta.

A camarada Luxemburgo ignora soberanamente nossas lutas de Partido (. . .).

Segunda quinzena de setembro de 1904, trad. para o francês por Marcel Body, *in* TROTSKY, *Nos tâches politiques,* Ed. Belfond, 1970, pp. 227-237.

Documento 10:
LEON TROTSKY: "DEFESA DE ROSA".

Rosa Luxemburgo compreendeu e começou a combater muito mais cedo que Lenin o papel de freio do aparelho ossificado do Partido e dos sindicatos. Percebendo o agravamento inevitável dos antagonismos de classes, ela profetizava sempre a inevitável entrada em cena, autônoma e elementar, das massas em oposição à vontade e ao itinerário fixado das instâncias oficiais. Nas grandes linhas, em relação à história, Rosa tinha razão; a Revolução de 1918 foi efetivamente "espontânea", ou seja, foi realizada pelas massas contra todas as previsões das instâncias do Partido. Contudo, por outro lado, toda a história ulterior da Alemanha provou amplamente que só a espontaneidade está longe de ser suficiente; o regime de Hitler é um argumento esmagador contra a afirmação de que fora da espontaneidade não há salvação.

A própria Rosa jamais acantonou-se na teoria pura da espontaneidade à maneira de Parvus, que, mais tarde, trocou o fatalismo social-revolucionário pelo oportunismo mais repugnante. Contrariamente a Parvus, Rosa dedicou-se a educar primeiro a ala revolucionária do proletariado e uni-la tanto quanto possível em uma organização. Fundou na Polônia uma organização independente muito rígida.

Poder-se-ia pelo menos dizer que na concepção histórico-filosófica do movimento operário de Rosa a seleção preliminar da vanguarda, em relação às ações de massa esperadas, não encontrou correspondência; enquanto que Lenin, sem se deixar consolar pelas ações prodigiosas vindouras, unia sem cessar e infatigavelmente os operários avançados uns aos outros, ilegal ou legalmente, nas organizações de massa ou às ocultas, em células sólidas por meio de um programa rigorosamente traçado.

A teoria da espontaneidade de Rosa era uma arma saudável contra o aparelho esclerosado do reformismo. Voltando-se algumas vezes contra o trabalho empreendido por Lenin no domínio da construção de um aparelho revolucionário, revelava — todavia de maneira apenas embrionária — os seus traços reacionários. Na própria Rosa, isto ocorreu apenas episodicamente. Ela era realista demais, no sentido revolucionário, para extrair dos elementos de sua teoria da espontaneidade um sistema metafísico acabado. Praticamente, repetimo-lo, ela minava esta teoria a cada um de seus passos. Após a Revolução de novembro de 1918, ela começou com paixão o trabalho de reunir a vanguarda revolucionária. Apesar do panfleto escrito na prisão mas não publicado, teoricamente muito fraco, sobre a Revolução Soviética (...), Rosa aproximava-se dia-a-dia das idéias de Lenin, rigorosamente equilibradas, de um ponto de vista teórico, sobre a direção consciente e a espontaneidade. (É certamente esta circunstância que a impediu de publicar o seu trabalho do qual mais tarde fez-se uso vergonhosamente abusivo contra a política bolchevista.)

(...) Rosa Luxemburgo tinha perfeitamente razão contra os filisteus, os caporais e os cretinos do conservadorismo burocrático "coroado de vitórias", marchando reto diante deles.

LEON TROTSKY, "Rosa Luxemburg et la IVe Internationale", 24 junho 1935, *in* TROTSKY, *Nos tâches politiques,* Ed. Belfond, 1970.

PROBLEMAS E QUERELAS DE INTERPRETAÇÃO

O destino da espontaneidade luxemburguiana.

Controvérsias antigas
1. Bracke: *Como? Uma mística!*
2. Michel Collinet: *Rosa Luxemburgo e a revolução russa.*
3. Paul Frölich: *Uma teoria da espontaneidade?*
4. Antonio Gramsci: *Nada de espontaneidade pura.*
5. Lucien Laurat: *Um máximo de democracia.*
6. Georg Lukács: *Sobre Rosa Luxemburgo.*
7. Leon Trotsky: *Crítica do luxemburguismo.*

Controvérisas recentes
8. Lelio Basso: *Uma dialética da revolução.*
9. Daniel Bensaid e Alain Nair: *O pecado do hegelianismo.*
10. Yvon Bourdet: *Espontaneidade não é "caos".*
11. Pierre Chaulieu: *Lukács e Rosa.*
12. Cohn-Bendit: *Decapitar o proletariado.*
13. Dominique Desanti: *A espontaneidade das massas.*
14. Grupo Bakunin Marselha: *Espontaneidade ou organização.*
15. Pierre Guillaume: *Nada de falso dilema.*
16. Alain Guillerm: *O luxemburguismo.*
17. Claude Lefort: *Um partido não é necessário.*
18. Robert Paris: *O partido não teria nenhum papel?*
19. Ernest Mandel: *Refutada pela história.*
20. Irène Petit: *Aderir às massas.*

O Destino da Espontaneidade Luxemburguiana.

As idéias de Rosa Luxemburgo sobre as funções respectivas da espontaneidade e do partido revolucionário abriram, após a sua morte, um debate incessante e que ainda está longe de concluído.

J.-P. Nettl, em sua biografia sobre Rosa, apresentou um resumo delicioso das "voltas" sucessivas e contraditórias, na questão, do movimento comunista internacional e, principalmente, do P.C. alemão. A herança da teórica seguiu o destino dos numerosos ziguezagues da "linha" ditada em Moscou e depois repercutida em Berlim.

Dezoito meses após sua morte trágica, Rosa ainda era reverenciada como inspiradora e teórica do comunismo europeu e August Thalheimer prestava uma vibrante homenagem ao conjunto de sua obra. Seus críticos se viam tratados por "fariseus marxistas"[1]. Lenin, em outubro de 1920 escrevia, a propósito da revolução de 1905: "Os representantes do proletariado revolucionário e do marxismo não-falsificado, tão notáveis quanto Rosa Luxemburgo, perceberam de imediato a importância dessa experiência prática", enquanto que os sociais-democratas "mostraram-se completamente incapazes de compreender essa experiência"[2].

Ainda em 1922, Lenin, enumerando os erros que Rosa Luxemburgo teria cometido, não mencionava, nem expressa nem implicitamente, suas idéias sobre a espontaneidade. Concluía que, "apesar de seus erros, ela era e permanecia uma águia". E repreendia os comunistas alemães por seu "inacreditável atraso" na publicação de suas obras completas, indispensáveis, julgava ele, "para a educação de numerosas gerações de comunistas"[3].

Entretanto, as críticas tornaram-se mais amargas quando, em 1922, Paul Levi decidiu publicar um inédito explosivo, *A Revolução Russa,* cujo manuscrito conservara,

---

1. August Thalheimer, "Leus oeuvres théoriques de Rosa Luxemburg", *Die Internationale,* 1920, II, n° 19-20, p. 19-20.

2. Lenin, "Contribution à la question de la dictature", 20 de outubro de 1920, *Oeuvres complètes* em francês, ed. 1935, XXV, 511.

3. Lenin, texto póstumo no *Pravda* datado de 16 de abril de 1924, *Sochineniya,* XXXIII, 184.

prudentemente, desde setembro de 1918. Clara Zetkin e Adolf Warski redigiram, cada um, um panfleto onde os pontos de vista de Rosa sobre a Revolução Russa eram severamente refutados[4].

O filósofo Georg Lukács publicara, em janeiro de 1921, um ensaio em que elogiava a concepção luxemburguiana da espontaneidade das massas. Contudo, em janeiro de 1922 e, sobretudo, em setembro de 1922, publicava dois outros ensaios, mais agridoces, em que censurava Rosa por ter subestimado o papel do partido revolucionário (ver texto VI, pp. 119-121). O escândalo da publicação do inédito incômodo de 1918 modificara, sem dúvida alguma, o seu julgamento[5].

Entretanto, antes de 1924, o Partido Comunista Alemão possuía uma direção um tanto luxemburguiana, cujos porta-vozes foram August Thalheimer, Jakob Walcher, antigos espartakistas, Heinrich Brandler e Ludwig. Eles seriam expulsos em 1927 e formariam o "K.P.O." (Partido Comunista de Oposição).

Foi no início de 1924, após o fracasso da revolução alemã do verão de 1923 e, conseqüentemente, a queda da direção Brandler-Thalheimer do P.C. alemão — acontecimentos logo seguidos pela morte de Lenin — que as idéias de Rosa tornaram-se heréticas. Zinoviev dominava a Internacional Comunista e uma direção de ultra-esquerda apossou-se do P.C. alemão, tendo na liderança Ruth Fischer e Arkadi Maslov. A terrível Ruth não hesitou em acusar a Spartakus de jamais ter rompido claramente com a Segunda Internacional e diagnosticou na influência de Rosa nada menos do que um "bacilo de sífilis". Em 1925, ela foi mais longe e as idéias de Rosa tornaram-se um corpo de doutrina reprovado: o "luxemburguismo". Ruth Fischer atacou vivamente a atitude de Rosa sobre o pro-

---

4. Clara Zetkin, *Um Rosa Luxemburgs Stellung zur russischen Revolution*; — Adolf Warski, *Rosa Luxemburgs Stellung zu den taktischen Problemen der Revolution*, Hamburgo, 1922.

5. Georg Lukács, "Rosa Luxemburg, marxiste", janeiro de 1921; "Remarques critiques sur la critique de la révolution russe de Rosa Luxemburg", janeiro de 1922; "Remarques méthodologiques sur la question de l'organization", setembro de 1922, em *Histoire et conscience de classe*, trad. fr., 1960, 47-66, 309-332, 333-381.

blema da organização⁶. Atribuía-lhe uma teoria caricatural da espontaneidade em que a auto-avitidade das massas era tudo e o partido reduzia-se a uma simples abstração. Paul Frölich, biógrafo e companheiro de armas de Rosa, insurgiu-se contra essa falsificação.

> O suposto mito da espontaneidade em Rosa Luxemburgo não se agüenta em pé (...). Foi, não Lenin, mas, após sua morte, Zinoviev que lançou essa acusação mentirosa a fim de estabelecer a autoridade absoluta do partido bolchevista na Internacional Comunista. O antiluxemburguismo foi, na escolástica stalinista, um artigo de fé. Tornou-se expressão adequada de uma mentalidade de burocratas de Estado e de Partido que não conduziam as massas para a luta, mas subjugavam as massas desarmadas e cativas⁷.

Entretanto, em dezembro de 1925, no XIV Congresso do P.C. russo, Zinoviev foi afastado por Stálin e Ruth Fischer, pouco depois, exonerada e excluída do Partido Comunista Alemão. Por um tempo, Rosa foi reabilitada: fora vítima de grosseiras calúnias da amazona ultra-esquerdista. Este armistício durou apenas o espaço de uma manhã. A ala direita do P.C. russo prevalecera em Moscou e Bukharin, seu porta-voz, empenha-se em demolir *A Acumulação do Capital*. O elemento de erro mais importante nesta obra econômica de Rosa era a sua teoria da espontaneidade⁸.

Entretanto, a pessoa de Rosa era reabilitada e cuidadosamente distinguida do que permanecia heresia: o "luxemburguismo".

As coisas se estragaram uma vez mais quando, em 1931, alternadamente, Joseph Stálin, em pessoa, e Lázaro Kaganovich atacaram Rosa publicamente: o déspota fabricou um amálgama entre Trotsky, Rosa e Parvus, todos os três acusados do pecado de "revolução permanente", enquanto que o segundo punha um fim à indulgência

---

6. Ruth Fischer, *Die Internationale*, 1925, VIII, nº 3, 107.
7. Paul Frölich, "Zum Streit über die Spontaneität", *Aufklärung*, 1953.
8. N. Bukharin, "L'impérialisme et l'accumulation du Capital", *Unter dem Banner des Marxismus*, 1925-1926, II, 288; – cf. Nettl (em inglês), II, 802.

culposa que consistira em separar Rosa do "luxemburguismo"[9].

Trotsky, no exílio, criticou energicamente o artigo de Stálin, "calúnia insolente e vergonhosa contra Rosa Luxemburgo", "doses maciças de grosseria e de deslealdade", e concluiu: "É cada vez maior nosso dever de transmitir, em todo o seu esplendor e seu elevado poder de educação, essa figura verdadeiramente maravilhosa, heróica e trágica, às novas gerações do proletariado"[10]. Em artigo posterior ele atribuirá mais culpa aos luxemburguistas do que a Rosa Luxemburgo[11].

Hoje em dia, na Alemanha do Leste, desistiu-se de aprisionar Rosa em um "espontaneísmo" exclusivo, fabricado da cabeça aos pés, e acaba-se de iniciar uma edição de suas *Obras completas*, sem suprimir um só de seus textos, inclusive o de 1904 contra Lenin.

Esta breve recordação histórica ajuda a melhor compreender as controvérsias em torno das idéias de Rosa sobre a espontaneidade que foram aumentando à medida que crescia seu prestígio e que suas obras se difundiam mais.

O "luxemburguismo" conheceu vários renascimentos fora do movimento comunista ortodoxo. O primeiro luxemburguista de língua francesa foi Lucien Laurat. Fora um dos fundadores do P.C. austríaco, depois membro do P.C. russo e, em seguida, do P.C. belga. Já era luxemburguista clandestino antes de romper voluntariamente com o P.C. belga, no começo de 1928, e ir residir na França. Publicara artigos sob o nome de Primus no *Boletim comunista* de Bóris Suvarin desde 1925. Após a sua exclusão, escreveu artigos luxemburguistas nas revistas *Clarté* e,

---

9. Stálin, "Sur certains problèmes de l'histoire du bolchevisme", carta aberta, *Proletarskaya Revolyutsiya*, nº 6 (113), 1931; Stálin, *Sochineniya*, XIII, 84-102; – L. Kaganovich, *Correspondance Internationale*, 15 de dezembro de 1931.

10. Trotsky, "Bas les pattes devant Rose Luxemburg!", 28 de junho de 1932, *Ecrits*, I, 1955, 321-331; – ver atrás Documento nº 10, pp. 104-105.

11. Do mesmo, "Rosa Luxemburg et la IVe Internationale", 1935, reproduzido em *Nos tâches politiques*, trad. fr., 1970; ver mais adiante texto VII, p. 121.

depois, na *Lutte de Classes*. Em 1930, publicou um *Résumé de l'Accumulation du Capital*.

A solidão de Laurat terminaria a partir de 1933: a ascensão de Hitler, a derrota do proletariado de além-Reno e a falência do Partido Comunista Alemão favoreceram, de fato, um renascimento do luxemburguismo. Seus porta-vozes de língua alemã foram exilados: Miles (pseudônimo de Karl Franck) que publicou uma brochura clandestinamente difundida no Terceiro Reich: *Neu Beginnen* ("Novo começo") e os líderes do pequeno partido operário socialista (dissidente) da Saxônia; *Sozialistiche Arbeiterpartei* (S.A.P.): Oskar Wassermann, Jakob Walcher, Boris Goldenberg.

Na França, a companheira de Laurat, Marcelle Pommera fundava, em outubro de 1933, a revista luxemburguista *Le Combat marxiste*; por sua vez, René Lefeuvre criava as revistas luxemburguistas *Masses,* em seguida *Spartacus* e, depois, os *Cahiers Spartacus*. Lucien Laurat prefaciou aí uma coletânea de textos de Rosa, *Marxisme contre dictature* (1934), ao passo que André Prudhommeaux reunia os elementos do panfleto *Spartacus 1918-1919* (*Masses* nº 15, 1934). Em 1937, Michel Collinet prefaciava uma reedição, pelos *Cahiers Spartacus*, de *A Revolução Russa*. Marceau Pivert prefaciava, também em 1937, um pequeno inédito em francês de Rosa: *L'Eglise et le Socialisme*. O movimento político estimulado por Marceau Pivert, primeiro Esquerda Revolucionária do Partido Socialista, depois Partido Socialista Operário e Camponês, estava fortemente impregnado das idéias luxemburguistas.

O segundo renascimento do luxemburguismo data de maio de 68 que marcou, nos fatos, a reaparição surpreendente da espontaneidade revolucionária. Na Alemanha, Rosa Luxemburgo foi adotada pela "Nova Esquerda"[12] e, na França, foi estudada com simpatia por militantes que se reuniam na Livraria "La Vieille Taupe", como Pierre Guillaume e Alain Guillerm[13]. Em Tolouse,

---

12. Hartmut Mehringer e Gottfried Mergner, "La gauche nouvelle allemande et Rosa Luxemburg", *Partisans (Rosa Luxemburg vivante)*, nº 45, 1969; — note-se a publicação, em 1970, na coleção de bolso Rowohlt, dos *Écrits sur la théorie de la spontanéité* de Rosa Luxemburgo.

13. Pierre Guillaume, prefácio a *Grèves Sauvages, sponta-*

um grupo "conselhista" que publica a revista *Revolution Internationale*, proclama seus laços com Rosa Luxemburgo.

Os editores alemães e franceses rivalizam em zelo na edição ou na reedição das obras de Rosa.

As renascenças "luxemburguistas", como era de se esperar, provocaram vivas reações provenientes, principalmente, dos marxistas que se agarram às velhas concepções leninistas de organização.

Será apresentado ao leitor um leque de opiniões variadas sobre Rosa Luxemburgo, mais particularmente, sobre suas concepções relativas à espontaneidade revolucionária. Achamos melhor classificar esses textos em duas partes: os anteriores a 1939 e os mais recentes.

Uns acentuam o seu "espontaneísmo", outros negam a lenda desse "espontaneísmo" e insistem na importância que ela atribuía ao papel do partido, vanguarda dirigente do proletariado; outros, enfim, invocam os manes de Lenin e de Lukács, que acaba de morrer, contra a sua subestimação do partido revolucionário, mas evitam relembrar a homenagem prestada pelo próprio Trotsky à luta desenvolvida por ela na social-democracia alemã em prol da ação espontânea das massas. Enfim, alguns anarquistas comunistas, embora adversários da noção de partido, não opõem menos ao "espontaneísmo" os imperativos da organização (ver texto nº XIV).

A interpretação comunista libertária proposta no presente livro apresenta-se como exceção. Julga-se, aqui, que realmente o ponto fraco da teórica não se localiza onde a maioria de seus críticos acredita. Se Rosa tem um ponto fraco, ele está em cada vez que, cremos nós, ela se contradiz sobre as relações complexas que se travam entre o movimento elementar das massas e a elite consciente, pois não consegue ainda descobrir uma formação operária suscetível de constituir realmente esta elite.

Quanto aos conciliadores, como Paul Frölich e Lelio Basso (ver textos III e VIII), que acham perfeitamente coerente sua construção e louvam-lhe a pretensa harmonia, seu idílio, cremos nós, não resiste absolutamente a um exame.

néités des masses, Cahiers Spartacus, 2ª série, nº 30, dezembro de 1969; — Alain Guillerm, *Le Luxemburgisme aujourd'hui,* Cahiers Spartacus, 2ª série, nº 32, março de 1970.

CONTROSÉRSIAS ANTIGAS

I. Como? Uma Mística?

(...) Escrito para os alemães, em uma época em que o próprio termo greve geral provocava todas as espécies de discussões e de polêmicas, este estudo guarda não menos alcance em um mundo tão mudado para que transpareça aí o que ele comportava de penetração à frente. A concepção de greve geral transformou-se muito desde os tempos já longínquos onde ela era considerada como passível de trazer de uma vez ao mundo operário a salvação. "Nossa Rosa" via bastante claro para nomeá-la ao lado da "greve de massas", sabendo não confundir uma com a outra. Poucos socialistas se contentaram tão raramente com palavras e poucos converteram menos em dogmas seus raciocínios ou seus sonhos. Pergunte-se, ao ler estas páginas, como se pôde achar aí uma espécie de mística da "espontaneidade popular", ao passo que Rosa discerne apenas de que maneira a experiência do partido organizado pode apreender e fecundar os movimentos elementares das massas mantendo-se o mais perto possível nas horas de tempestade política ou de distúrbio econômico e social.

BRACKE
Prólogo à *"Grève Générale, parti et syndicats"*,
Cahiers Spartacus, 1947.

II. — ROSA LUXEMBURGO E A REVOLUÇÃO RUSSA

(...) Rosa morreu antes de verificar a que ponto os erros que denunciou proliferaram para finalmente ajudar a fazer da Rússia o leito da contra-revolução stalinista e, na Internacional, o jogo do fascismo e do imperialismo. Era inevitável que a supressão de toda a democracia nos sovietes e a substituição por funcionários à gestão direta pelo povo, culminassem na eliminação de qualquer democracia no seio do único partido que permaneceu legal — o Partido Comunista. Existe aí uma dialética implacável da história; reconheçamos entretanto que ela foi singularmente favorecida pelas concepções de Lenin e da velha guarda bolchevista de 1903 em favor do partido "jacobino" ligado à classe operária. A oposição trotskista lutou corajosamente para conter a corrente nefasta que levava o P.C. e a U.R.S.S. em direção à ditadura pessoal de Stálin. Morto Lenin, a vitória de Stálin e de seus burocratas sobre a oposição teve o caráter de uma derrota esmagadora para o marxismo revolucionário, para sua concepção de luta de classes e sua crítica do Estado. Em seu lugar, triunfam hoje no proletariado internacional o partido totalitário, o fanatismo religioso, a idolatria do Chefe, toda uma ideologia próxima aos novos cultos fascistas e que desarma o proletariado diante de seus adversários. A concepção ditatorial do Partido dirigente, as tendências ao centralismo autoritário e burocrático, Rosa Luxemburgo liga-as ao caráter atrasado da população russa, mas ainda mais à carência espontosa do socialismo internacional nos países capitalistas desenvolvidos, maduros para a transformação social.

Michel COLLINET,
Prefácio de La Révolution Russe,
Cahiers Spartacus nº 4, janeiro de 1937.

III. — UMA TEORIA DA ESPONTANEIDADE?

Em sua obra sobre a greve das massas e em outras ocasiões também, Rosa Luxemburgo observou com insistência que os movimentos revolucionários não podem ser "fabricados", nem resultar das resoluções de primeira instância do partido pois surgem espontaneamente em determinadas condições históricas. Esse modo de ver não cessou obviamente de ser confirmado pela história real, mas nem por isso se deixou de acusar Rosa Luxemburgo de ter pecado gravemente neste ponto. Deformou-se o seu pensamento até a caricatura para afirmar-se, em seguida, que Rosa Luxemburgo criara uma teoria da espontaneidade, que ela fora vítima de uma mística ou até de uma mitologia da espontaneidade. Zinoviev foi o primeiro a lançar esta acusação, manifestamente para reforçar a autoridade do partido russo na Internacional comunista. Outros desenvolveram-na e repetiram-na tanto que finalmente ela tornou-se um axioma político-histórico que não necessita de provas. Para elucidar a posição desta grande revolucionária, é mister estudar mais perto estes ataques.

A acusação é a seguinte: negação e, no mínimo, redução condenável do papel do partido como dirigente da luta de classes, idolatria das massas, superestimação dos fatores impessoais e objetivos, negação ou subestimação da ação consciente e organizada, automatismo e fatalismo do processo histórico. De tudo isso tiram a que, de acordo com Rosa Luxemburgo, a existência do partido não é absolutamente justificada.

Estas censuras têm algo de grotesco quando endereçadas a uma militante cheia de uma tão indomável necessidade de ação, que não cessava de incitar as massas e os indivíduos a agir e que tinha como lema: no início era a ação!

(...) Os próprios críticos não podiam, é claro, negar esta indomável vontade de ação e fizeram na ocasião a seguinte concessão: está bem, mas a ação política de Rosa Luxemburgo estava em contradição flagrante com a sua teoria. Estranha censura a uma mulher que tinha um pensamento tão penetrante e cuja ação era dirigida e dominada pelo pensamento. Rosa Luxemburgo cometeu, é verdade, um "erro". Ao escrever, não pensou nas pessoas muito inteligentes que, após a sua morte, corrigiriam estes esboços. Por isso, pôde-se extrair habilmente de suas obras uma dúzia de citações em apoio à sua "teoria da espontaneidade". Ela escrevia para o seu tempo e para o movimento operário alemão no qual a organização, de meio, tornou-se um fim. Quando Rosa Luxemburgo diz em um Congresso do Partido que não se podia saber quando estouraria uma greve de massas, Robert Leinert exclamou: Sim, a Secretaria do Partido e a Comissão Geral sabem! Mas não era mais nele que nos outros a expressão de uma vontade de ação. Eles receavam colocar a organização em jogo em uma grande luta. Sua vontade de evitar e impedir semelhante luta escondia-se atrás da afirmação — meio pretexto, meio convicção — de que a classe operária devia estar antes inteiramente organizada. Rosa Luxemburgo sabia disso e é por esta razão que era necessário que ela assinalasse particularmente o elemento espontâneo nas lutas de caráter revolucionário para preparar os dirigentes e as massas para os acontecimentos esperados. Fazendo isto, ela estaria imunizada contra falsas interpretações. O que ela entendia por espontaneidade, dizia bem claramente. Para combater a idéia de uma greve geral preparada pela direção do partido, executada metodicamente como uma greve reivindicatória habitual, despojada de seu caráter impetuoso, ela lembrou uma vez as greves belgas de 1891 e 1893.

(...) A espontaneidade de tais movimentos não exclui portanto a direção consciente, ao contrário ela o exige. Além do mais, para Rosa Luxemburgo, a espontaneidade não cai do céu. Já mostramos isto acima e poderíamos acumular as citações. Quando as massas operárias alemãs se agitaram em 1910 sobre a questão do sistema eleitoral prussiano, ela exigiu da direção do Partido um plano para o prosseguimento da ação e ela própria fez proposições. Condenou a "expectativa de acontecimentos elementares" e exigiu a continuação da ação no sentido de uma poderosa ofensiva. Durante a guerra, indicou em seu panfleto *Junius* qual a importância que a única tribuna livre existente, o parlamento, poderia ter para o desencadeamento de ações de massas, se homens como Liebknecht se apoderassem dela sistemática e resolutamente. E a esperança que depositava nas massas não obscurecia, para ela, o papel e a missão do Partido.

(...) Rosa Luxemburgo certamente subestimou o papel paralisante que uma direção hostil à luta pode exercer sobre as massas e talvez tenha superestimado a atividade elementar, contando com esta muito antes que interviesse efetivamente. Fez o que pôde para espicaçar a direção .da social-democracia alemã. E a superestima das massas é o "erro" inevitável de todo o revolucionário verdadeiro; este "erro" nasce de uma necessidade ardente de ir em frente e do reconhecimento desta profunda verdade de que apenas as massas realizam as grandes mudanças da história. Entretanto, a sua confiança nas massas nada tinha de mística. Ela conhecia as suas fraquezas e pôde ver suficientemente as suas imperfeições nos movimentos contra-revolucionários.

(. . .) O pretenso mito da espontaneidade em Rosa Luxemburgo não se agüenta em pé.

(. . .) O que nesta questão levou gente de boa ,fé a equívocos é a incapacidade de reconhecer a essência dialética da necessidade histórica. Para Rosa Luxemburgo, existiam "leis de bronze da evolução". Mas os executores destas leis eram para ela os homens, as massas de milhões de homens, sua atividade e suas fraquezas.

Paul FRÖLICH, *Rosa Luxemburg,*
Editions Maspero, 1965.

IV. – NADA DE ESPONTANEIDADE PURA.

Da expressão "espontaneidade" pode-se adiantar diversas definições já que o fenômeno ao qual ela se refere é, em si, complexo. Em todo o caso, deve-se assinalar que não existe na história "espontaneidade" pura: ela coincidiria com o puro "automatismo" (*meccanicità*) puro. No movimento mais espontâneo, os elementos de direção "consciente" são simplesmente incontroláveis, não deixaram documento verificável. Pode-se dizer que o elemento da espontaneidade é, portanto, característico da "história das classes populares" e até dos elementos mais marginais, mais periféricos destas classes que ainda não atingiram a consciência de classe "para si" e que, por causa disso, nem mesmo suspeitam que a sua história possa apresentar alguma importância e que exista alguma razão em deixar dela traços probantes.

Existe, portanto, uma "multiplicidade" de elementos de "direção consciente" nestes movimentos, mas nenhum dentre eles é predominante ou ultrapassa o nível da "sabedoria popular" de uma camada social determinada do "senso comum" ou, ainda, da concepção tradicional do mundo desta determinada camada.

(. . .) O movimento turinense (a "Nova Ordem") foi acusado de "espontaneísmo" e de "voluntarismo" ao mesmo tempo e, até, de bergsonismo(!). Esta acusação contraditória, uma vez analisada, mostra a fecundidade e a legitimidade da direção imprimida ao movimento. Esta direção não era "abstrata", ela não consistia em repetir mecanicamente as fórmulas científicas ou teóricas; não confundia a política, a ação real com a busca doutrinária; aplicava-se a homens reais, formados em relações históricas determinadas, com sentimentos determinados, maneiras de ver, fragmentos de concepção do mundo etc., que resultavam de combinações "espontâneas" de um dado meio da produção material, tendo neles a aglomeração "fortuita" de elementos sociais díspares. Este elemento de "espontaneidade" não foi negligenciado e, menos ainda, desprezado, ao contrário, foi *educado*, dirigido, purificado de tudo o que, do exterior, pudesse corrompê-lo, para fazer dele um todo homogêneo com a teoria moderna, mas de uma maneira viva, historicamente eficiente. Entre os dirigentes, falava-se de "espontaneidade" do movimento; era bom que se falasse assim: esta afirmação tinha uma ação estimulante, energética, era um elemento de unificação em profundidade, demonstrava sobretudo que não se tratava de algo arbitrário, aventureiro e artifical, não necessário historicamente. Ela dava uma consciência "teórica" a uma massa criadora de *valores históricos* e institucionais, fundadora de Estados. Essa unidade da "espontaneidade" e da "direção consciente", ou seja, da disciplina, representa de fato a ação política real das classes populares porque se trata de uma política de massas e não simplesmente da aventura de grupos que se pretendem ligados à massa.

Um problema teórico fundamental coloca-se a este propósito: pode a teoria moderna achar-se em contradição com os sentimentos "espontâneos" das massas? ("espontâneos" no sentido de que não devem nada a uma atividade educativa sistemática por parte de um grupo dirigente já consciente, mas que se formam através da experiência cotidiana esclarecida pelo "senso comum", ou seja, a concepção tradicional popular do mundo, aquilo que se designa pelo termo bastante chão de "instinto" e que nada mais é do que uma aquisição histórica primitiva e elementar). Teoria e espontaneidade não podem se opor uma à outra: pode existir entre elas alguma diferença "quantitativa" de grau, mas não de qualidade, uma mutação por assim dizer recíproca, uma passagem de uma à outra e vice-versa.

(...) Negligenciar ou, pior, desprezar os movimentos chamados "espontâneos", ou seja, renunciar, dar-lhes uma direção consciente, elevá-los a um nível superior inserindo-os na política, freqüentemente pode ter conseqüências bastante sérias e graves. Acontece quase sempre que junto com um movimento "espontâneo" de classes populares, produz-se um movimento reacionário da direita da classe dominante por motivos concomitantes: uma crise econômica, por exemplo, determina, por um lado, o descontentamento nas classes populares e movimentos espontâneos de massas, por outro lado, complôs de grupos reacionários que tiram vantagem do enfraquecimento objetivo do governo para tentar golpes de Estado. Entre as causas dinâmicas destes golpes de Estado, deve-se contar a renúncia de grupos responsáveis em dar uma direção consciente aos motivos espontâneos e em tornar estes um fator político positivo.

(...) É uma concepção histórico-política escolástica e acadêmica ao mesmo tempo, a que segundo a qual só têm realidade e são dignos deste nome os movimentos que são cem por cento conscientes e que só são determinados a partir de um plano minuciosamente traçado de antemão ou que se amoldam (o que vem dar no mesmo) à teoria abstrata. Contudo, a realidade é rica das mais estranhas combinações e é o teórico que deve reencontrar nesta estranheza a confirmação de sua teoria, "traduzir" em linguagem teórica os elementos da vida histórica e, não, inversamente, apresentar a realidade segundo o esquema abstrato (...)

Antonio GRAMSCI
em *Passato e Presente*, Einaudi, Turim, 1954.

(este texto, escrito na prisão, no início dos anos 30, é sem dúvida alguma influenciado pela leitura de Rosa Luxemburgo; mas o detento, por motivos de segurança, evitou mencionar os nomes de teóricos revolucionários).

V.– UM MÁXIMO DE DEMOCRACIA

A famosa frase de Marx: "A emancipação dos trabalhadores será obra dos próprios trabalhadores" não é uma simples fórmula destinada à agitação. Ela encerra a quintessência do que distingue o socialismo científico do socialismo utópico: ninguém, nenhum filantropo, nenhum ditador – por mais excelentes que possam ser as suas intenções – pode oferecer o socialismo aos trabalhadores em uma bandeja.

(...) É partindo destas considerações, que são o ABC do marxismo, que Rosa Luxemburgo tira as suas conclusões sobre o que deve ser a organização socialista. Esta organização deve ser suscetível de desenvolver ao máximo a consciência socialista dos trabalhadores e permitir-lhes que se instruam com a experiência de suas lutas. Isto implica, no seio do Partido (tudo isso vale, é evidente, para o movimento sindical), um máximo de *democracia*. Entretanto, o movimento socialista tem que combater, por isso é necessário que a democracia coexista com uma centralização suficiente da ação e com uma disciplina, sem a qual nenhuma ação concertada é possível. Entretanto, a centralização e a disciplina só podem ser concebidas na base da democracia mais ampla; sem esta democracia, o primeiro imbecil que aparecer poderia consagrar-se, sozinho, "chefe histórico da revolução mundial", nomear e demitir "chefes" – todos "históricos", também – do proletariado de diferentes países e estes chefes nacionais, por sua vez, designarem subchefes regionais e locais sem se preocupar nem um pouco com o que pensam os principais interessados: os trabalhadores.

Vê-se que a democracia sonhada por Rosa Luxemburgo repousa em um fundamento bem mais sólido que as famosas "gruas metafísicas" das quais troçava Paul Lafargue. É uma condição *sine qua non* da eficácia da luta de classe do proletariado e da orientação socialista desta luta. Já que esta luta não pode se tornar mais eficaz e tomar uma orientação socialista cada vez mais consciente, senão proporcionalmente ao desenvolvimento intelectual dos trabalhadores e que este movimento intelectual tem por condição a liberdade de crítica e de mais ampla discussão, a democracia revela ser a base indispensável da organização socialista.

Estas idéias, Rosa Luxemburgo as defendeu contra Lenin e contra a ala reformista da social-democracia ao mesmo tempo.

Tão diametralmente opostas quanto possam parecer as concepções de Lenin e as do reformismo, ambas estão impregnadas ainda desta idéia do socialismo utópico de querer substituir a ação própria dos trabalhadores pela onipotência de uma elite que molda e modela a seu bel-prazer a massa de trabalhadores como "massa de modelagem".

Lucien LAURAT,
Prefácio à primeira edição de *Marxisme contre dictature*, 1934.

VI. — SOBRE ROSA LUXEMBURGO

Rosa Luxemburgo marxista.

(...) Não é obra do acaso se Rosa Luxemburgo reconheceu mais cedo e mais claramente que muitos outros o caráter essencialmente espontâneo das ações de massa revolucionárias (enfatizando, assim, um outro aspecto desta constatação anterior segundo a qual estas ações são o produto necessário de um processo econômico necessário), viu com clareza, também antes de muitos outros, o papel do partido na revolução. Para as vulgarizações mecanicistas, o partido era uma simples forma de organização, e o movimento de massas, a revolução também, eram apenas um problema de organização. Rosa Luxemburgo reconheceu em boa hora que a organização é, antes, uma conseqüência do que uma condição prévia do processo revolucionário, assim como o proletariado só pode se constituir em classe no e pelo processo. Neste processo, que o partido não pode nem provocar nem evitar, cabe-lhe portanto o papel elevado de ser o *portador da consciência de classe do proletariado, a consciência de sua missão histórica*. Ao passo que, a atitude aparentemente mais ativa e, em todo o caso, mais "realista" para um observador superficial, que atribui ao partido, antes de tudo ou exclusivamente, tarefas de organização, fica encurralado face ao fato da revolução, numa posição de fatalismo inconsistente, a concepção de Rosa Luxemburgo é a origem da verdadeira atividade revolucionária.

Georg LUKÁCS
Janeiro de 1921.

Observações críticas.

(...) Quando, entretanto, à apreciação correta da tática dos bolchevistas ela une, apesar de tudo, a sua reprovação contra o seu modo de agir *sobre o plano econômico e social*, já vê-se aparecer aqui a essência de sua apreciação da revolução russa, da revolução do proletariado, a *superestima* de seu caráter puramente proletário e, portanto, a superestima do poder exterior e da lucidez e da maturidade interior que a classe proletária pode possuir na primeira fase da revolução e que efetivamente possuiu. E vê-se surgir, ao mesmo tempo, como o seu reverso, a *subestimação* da importância de elementos não-proletários *fora* da classe e do poder de tais ideologias *no interior* do próprio proletariado. Esta falsa apreciação das verdadeiras forças motrizes conduz ao aspecto decisivo de sua falsa posição: *à subestimação do papel do partido na revolução*, à subestimação da ação política consciente em oposição ao movimento elementar sob a pressão da necessidade da evolução econômica.

(...) Rosa Luxemburgo (...) percebe um exagero no papel central que os bolchevistas atribuem às questões de organização como garantes do espírito revolucionário no movimento operário. Ela é de opinião que o princípio realmente revolucionário deve ser procurado exclusivamente na espontaneidade elementar das massas em relação às quais as organizações centrais do partido têm sempre um papel conservador e inibidor.

(...) Decorre daí, de forma evidente, a rejeição da concepção bolchevista do partido.

Georg LUKÁCS
Janeiro de 1922.

Observações metodológicas.

(...) Na luta contra a doutrina oportunista da evolução "orgânica" segundo a qual o proletariado conquistará pouco a pouco a maioria da população por lento crescimento e apossar-se-á assim do poder por meios puramente legais, formou-se a teoria "orgânica" e revolucionária das lutas de massas espontâneas. Apesar de todas as judiciosas reservas de seus melhores representantes, esta teoria resultava, entretanto, em última análise, na afirmação de que a constante agravação da situação econômica, a inevitável guerra mundial imperialista e a consecutiva aproximação do período de lutas de massas revolucionárias provocam, com uma necessidade histórica e social, ações de massas espontâneas nas quais será então posta à prova esta visão clara dos objetivos e da revolução na direção. Esta teoria fez assim do caráter puramente proletário da revolução uma pressuposição tácita.

O modo pelo qual Rosa Luxemburgo concebe a extensão do conceito de "proletariado" é, evidentemente, bem diferente da dos oportunistas. Não mostra ela, com grande insistência, como a situação revolucionária mobiliza grandes massas de um proletariado até então não organizado e fora do alcance do trabalho de organização (operários agrícolas, etc.) e como estas massas manifestam em suas ações um nível de consciência de classe incomparavelmente superior ao do partido e sindicatos que pretendiam tratá-las com condescendência como se lhes faltasse maturidade, como "atrasadas"? O caráter puramente proletário da revolução está, contudo, na base desta concepção. Por um lado, o proletariado intervém no plano da batalha como se formasse uma unidade, por outro, as massas cujas ações são estudadas são massas puramente proletárias. E é preciso que seja ssim.

Pois é somente na consciência de classe do proletariado que a atitude correta em relação à ação revolucionária pode ser ancorada tão profundamente, ter raízes tão profundas e tão instintivas que baste uma tomada de consciência e uma direção clara para que a ação continue a ser dirigida no bom caminho. Se, entretanto, outras camadas tomam parte decisiva na revolução, seu movimento pode seguramente — sob certas condições — fazer com que a revolução avance, mas pode facilmente, também, tomar uma direção contra-revolucionária, já que na situação de classe destas camadas (pequeno-burgueses, camponeses, nações oprimidas, etc.) não está prefigurada, absolutamente, nem pode estar, uma orientação necessária para a revolução do proletariado. Em relação a estas camadas, para fazer com que avancem os seus movimentos em proveito da revolução proletária e impedir que a sua ação sirva à contra-revolução, um partido revolucionário assim concebido só pode resultar, necessariamente, em um fracasso.

Georg LUKÁCS
Setembro de 1922.
Os três textos estão em LUKÁCS, *Histoire et conscience de classe*, Ed. de Minuit, 1960.

VII. — CRÍTICA AO LUXEMBURGUISMO

(...) A nossa defesa de Rosa Luxemburgo, entretanto, não é sem restrições. Os lados frágeis das teorias de Rosa Luxemburgo foram extraídos teórica e praticamente. Os membros do S.A.P. e os elementos que lhe são apresentados (cf., por exemplo, o *Spartacus* francês, diletante e intelectual fazendo "cultura proletária"; ou a revista dos estudantes socialistas, publicada na Bélgica; às vezes, também, a *Ação Socialista* belga, etc.) usam apenas os lados frágeis e as insuficiências que, em Rosa Luxemburgo, não eram absolutamente preponderantes; generalizam e exageram estas fraquezas ao infinito e constroem em cima um sistema completamente absurdo.

(...) O corajoso Paul Frölich pode, naturalmente, utilizar suas reminiscências marxistas para pôr termo aos ataques da barbárie teórica da espontaneidade. Mas estas medidas de proteção puramente literárias não impedem absolutamente que os alunos de um Miles, os Oskar Wassermann e os Boris Goldenberg, façam penetrar nas fileiras do S.A.P. as mais vergonhosas bobagens sobre a espontaneidade. Assim como toda a política prática de Jakob Walcher (o astuto "não exprimir o que é", bem como a eterna remessa às futuras ações de massa e ao "processo histórico" espontâneo) não significam nada mais do que a exploração tática de um luxemburguismo totalmente deformado e esfarrapado. E, na medida em que Paul Frölich não ataca abertamente esta teoria e esta prática de seu próprio partido, os seus artigos contra Miles assumem o caráter de procura de um *alibi* teórico. O que, precisamente, só se torna necessário quando se toma parte de um crime consciente.

(...) Os confusionistas da espontaneidade de modelo mais recente têm tão pouco direito de citar Rosa quanto os miseráveis burocratas do Komintern têm de citar Lenin.

León TROTSKY,
"Rosa Luxemburg et la IVe Internationale"
24 de junho de 1935, em TROTSKY, *Nos tâches politiques,* 1970,
Ed. Belfond.

CONTROVÉRSIAS RECENTES

VIII. – UMA DIALÉTICA DA REVOLUÇÃO

(...) Devemos, agora, nos explicar sobre as críticas provenientes antes de tudo dos bolchevistas mas também de outros lados, ou seja, a censura (feita a Rosa Luxemburgo) "mística da espontaneidade", da subestimação do papel dirigente do partido, da direção consciente da luta revolucionária.

(...) Segundo a tese de Katsky e de Lenin, existe por assim dizer, uma oposição mecânica entre espontaneidade e consciência na qual a segunda é considerada como um elemento vindo de fora; neste caso, existe o perigo de uma alienação durável, de uma ruptura entre o elemento consciente e a massa que pode ser uma ruptura entre partido e classe, entre direção e base (...).

(...) Em contrapartida, no pensamento marxista, que será representado, neste ponto, por Rosa Luxemburgo, a relação espontaneidade-consciência não encerra nenhuma contradição, mas uma transição dialética: a consciência surge da espontaneidade que em um processo de educação ininterrupto. Assim, evita-se uma ruptura, de forma que entre a massa e o elemento político ativo, entre classe e partido, base e direção, tem lugar uma circulação permanente, não apenas em sentido único (transmissão da consciência do alto para baixo) mas nos dois sentidos, pois a consciência nasce da experiência de lutas espontâneas e alimenta-se dela.

Quando falamos de um "processo ininterrupto" de formação da consciência não compreendemos, absolutamente, com isso que este processo flua, por assim dizer, automaticamente, como a secreção de uma glândula (...). De fato, a passagem da espontaneidade para a consciência significa sempre uma mudança qualitativa, uma superação dialética, pela autocrítica, dos erros cometidos, assim como Rosa assinala expressamente, superação do estágio da imediatidade para o estágio da reflexão. Basta lembrar a opinião de Rosa Luxemburgo sobre a natureza contraditória do movimento operário no qual estão presentes, ao mesmo tempo, a fase da luta cotidiana para melhorias no quadro da sociedade atual e a fase do objetivo final, ou seja, da superação revolucionária desta sociedade para reconhecer com certeza na relação espontaneidade-consciência a mesma tensão interna e a mesma dialética. Uma dialética semelhante é visível na relação classe-partido.

Se o partido está separado das massas e lança palavras de ordem que elas não escutam, que não encontram nenhum eco no coração do povo, a ação está fadada ao fracasso. Mas, se o partido interpretou corretamente o curso da história e se toma uma posição justa para a progressão da evolução, se está em contato permanente com as grandes massas, se promove e canaliza o seu potencial espontâneo de luta, se até o provoca, se não o deixa jamais resultar em uma ruptura entre ele mesmo e as massas populares, então a ação das massas torna-se efetivamente um movimento real do povo e a Revolução toma vitoriosamente o seu curso.

(...) O fato de que Rosa Luxemburgo percebe nitidamente o valor de uma direção revolucionária demonstra-se pelo fato de que na social-democracia polonesa, de cuja direção revolucionária ela tomava parte, o papel da direção jamais foi subestimado e, também, pelo fato de que, na elaboração das Teses para uma nova Internacional revolucionária do após-guerra, ela acentuou a necessidade de uma direção centralizada, o que lhe valeu a crítica de Liebknecht que se fez defensor da espontaneidade das massas contra Rosa Luxemburgo[1].

Lelio BASSO,
Prefácio italiano aos *Scritti politici* de
Rosa Luxemburgo, 1967.

IX. — O PECADO DE HEGELIANISMO

A posição de Rosa Luxemburgo não é clara; o seu vocabulário e a sua sintaxe traem freqüentemente o hegelianismo.

(...) Em história, o conceito de proletariado, primeiro alienado, realiza-se progressivamente. Por conseguinte, a Revolução é posta como algo oculto cujas peripécias de luta de classes são apenas as manifestações. Cada derrota, cada erro, cada revés são pensados como *momentos* necessários no progresso de realização do conceito. Resulta daí evidentemente um papel particularmente modesto para a organização da vanguarda.

(...) De fato, reside aí a dimensão política que falta a Rosa Luxemburgo. Ela crê no "fortalecimento *crescente* da consciência de classe do proletariado". Haveria uma marcha evolutiva da consciência de classe durante a qual a autonomia organizacional do partido é necessária apenas como momento (o tempo em que o proletariado dá-se conta de seu papel histórico encarnado) no processo de desalienação do proletariado.

---

1. "Muita 'disciplina', muito pouca espontaneidade" (Karl Liebknecht) *in* Ernst Meyer, "Zur Entstehungsgeschichte der Junius--Thesen", *Unter dem Banner des Marxismus*, 1925, nº 2, 420. — N. do E.: Tratam-se das "Thèses sur les tâches de la social-démocratie internationale" de janeiro de 1916, em Apêndice à *La Crise de la social-démocratie* (pontos 10 e 11).

Devido a esta confusão de níveis, Rosa Luxemburgo subestima os fatores políticos e ideológicos e a sua função. Não basta que as classes sejam polarizadas ao extremo para que exprimam espontaneamente os seus interesses revolucionários. Elas podem por muito tempo ainda permanecer sob o encantamento da ideologia burguesa cuja função é, precisamente, mascarar as relações de produção. Só a crise revolucionária dissolve esta ideologia e atualiza os mecanismos. Na crise, a ideologia burguesa revela a sua nudez; as escolas autojustificativas da burguesia, as tentativas para hipostasiar a história estão em falência. Em Maio, a burguesia francesa tinha apenas como tapa-sexo a mediocridade dos volteios acadêmicos e a prosa acinzentada, estupidamente reacionária, de um *Papillon*. Mas, para além da crise, se ela permanece detentora do poder, a burguesia refaz a sua fachada, lança novamente os seus mecanismos de sedução ideológicos que agem como um diluente da coesão de classe.

Os que, hoje, fazem de Maio um registro de nascimento (o da espontaneidade revolucionária do proletariado sucedendo-se à sua espontaneidade escrava) limitam-se a extrapolar um momento político preciso: o da crise revolucionária. Teorizam a sua própria surpresa e seu próprio assombramento, tanto maiores, quanto não encaravam a possibilidade de semelhante crise. Nisso, deixam o terreno do político para adentrar no da metapolítica. Nisso, também, não deixam de ter parentesco com Rosa Luxemburgo.

O bolor do hegelianismo, a confusão do teórico e do político têm como conseqüência a teoria luxemburguiana da organização-processo. Rosa teima logicamente em pensar na organização como um produto histórico.

(...) Jagando na agravação das contradições do capitalismo e confiando no proletariado e em sua espontaneidade revolucionária, ela pensa na organização apenas como a sanção do estado de desenvolvimento da classe e como o alvo capaz de precipitar (no sentido químico) a sua condensação. Nesta perspectiva, a dimensão organizacional não tem peso específico. Definir a social-democracia como o movimento próprio da classe sai de uma concepção mecanicista mais do que política. Se os bolchevistas se ativessem a concepção semelhante, teriam esperado o sinal verde do Congresso dos Soviets para desencadear a insurreição. Todavia, só a vanguarda organizada podia compreender que a data da insurreição devia preceder o congresso e desencadeá-la efetivamente.

Daniel BENSAÏD e Alain NAIR,
"A propos de la question de l'organisation"
n.º 45 de *Partisans* (Ed. Maspero): *Rosa Luxemburg vivante*.

X. ESPONTANEIDADE NÃO É "CAOS"

Por "espontaneidade de massas" não entendemos nem "caos", nem "efervescência informe" (...) Sendo a revolução um movimento, ela tinha necessariamente uma direção. Mas não é desta autodireção que Trotsky fala: para ele a *direção* supõe uma *separação* entre dirigentes e dirigidos.

(...) Conclui Trotsky: "Esses anônimos, rudes políticos de fábrica e de rua não caíram do céu; devem ter sido educados". (...) Ele crê bastar, para que sua hipótese seja aceita, que tenhamos a obrigação de escolher entre ela e outra hipótese ridícula. Os "rudes políticos" *rudes,* de fato, já que faziam a revolução, à revelia, na verdade contra o conselho dos chefes, não "caíram do céu", *portanto,* haviam sido educados. Um dilema só é constrangedor se não tiver uma terceira via. Ora, esses homens podiam ter-se formado sozinhos em contato com as realidades em meio às quais viviam, como também, por intermédio de instrutores caídos do céu ou vindos da emigração ou da deportação.

(...) Todo grupo humano é estruturado; os indivíduos não se juntam uns aos outros como frutas em um balaio: 1 + 1 + 1. Obviamente, alguns são "isolados"; mas a maioria exerce uma atração (ou provocam uma repulsão) (...) Até em uma multidão "momentânea", os chefes surgem espontaneamente.

(...) Acontece freqüentemente que o "dirigente espontâneo", surgido no momento de perigo, retoma pouco depois a sua condição anônima (...). O dirigente em uma ocasião não é, necessariamente, dirigente em todas as ocasiões, nem principalmente *separado* do grupo na qualidade de dirigente; não tem, portanto, necessidade de morrer para permanecer desconhecido.

Yvon BOURDET,
Communisme et marxisme, Ed. Michel
Brient, 1963.

XI. LUKÁCS E ROSA

(...) Quando ele diz (Lukács) que por mais acentuada que seja a concentração do capital, resta sempre um salto qualitativo a ser efetuado para passar ao socialismo, permanecendo o teor deste salto inteiramente indeterminado: o contexto e o fato de que tudo isto visa defender a política bolchevista, deixa entender que tratar-se-ia de estender esta concentração a seu limite (pela nacionalização ou estatização) e suprimir os burgueses como proprietários privados dos meios de produção. Ora, na realidade, o salto qualitativo em questão consiste na transformação do conteúdo das relações de produção capitalistas, na supressão da divisão em dirigentes e executantes, em uma palavra: a gestão operária da produção.

A maturação do proletariado como classe revolucionária, condição evidente de qualquer revolução que não é um simples *putsch* militar, toma então um novo sentido. Sem dúvida, ela nem sempre pode ser considerada como produto "espontâneo" e simplesmente "orgânico" da evolução do capitalismo, separado da atividade dos elementos mais conscientes e de uma organização revolucionária; mas é uma maturação não em relação à simples subvenção, mas em relação à gestão da produção, da economia, da sociedade em seu conjunto, sem a qual falar de revolução socialista é inteiramente desprovido de sentido. O papel do partido não consiste, então, absolutamente em ser o parteiro pela violência da nova sociedade, mas em ajudar esta maturação sem a qual sua violência não poderia conduzir a resultados opostos aos fins que persegue. Ora, a este respeito, é preciso lembrar que o partido bolchevista não só não ajudou como também se opôs, na maior parte do tempo, às tantativas de apossar-se da gestão das fábricas, feitas pelos comitês russos de fábrica em 1917-1918.

Pierre CHAULIEU,
"Remarques critiques sur la critique de la révolution russe de Rosa Luxemburg" (nota sobre Lukács e Rosa Luxemburgo), *Socialisme ou Barbarie*, nº 26, novembro-dezembro de 1958.

XII. DECAPITAR O PROLETARIADO

É a afirmação de que a consciência política só pode ser levada à classe operária pelo exterior que contestamos teoricamente, porque a própria classe operária a infirmou, praticamente. O sindicalismo francês, anterior a 1914, prova por si só que os operários podem ultrapassar no próprio sindicato o que Lenin chama de consciência trade-unionista. A Carta de Amiens adotada em 1906 estipula-o explicitamente.

(. . .) Toda a ideologia leninista funda-se no postulado da incapacidade da classe operária, incapacidade de fazer a revolução, incapacidade de gerir a produção (. . .) Que assim, a consciência social-democrata seja estranha ao proletariado é talvez uma condenação parcial da social-democracia (. . .) Por outro lado, o modelo de organização do tipo bolchevista nasceu do retardamento da Rússia (. . .) A teoria leninista que afirma que a espontaneidade operária não pode ultrapassar a consciência trade-unionista significa decapitar o proletariado para permitir ao partido tomar a liderança da revolução.

O leninismo foi (. . .) violentamente combatido por Rosa Luxemburgo (. . .) Ela sai em guerra contra o centralismo democrático de Lenin e suas concepções sobre a disciplina (. . .) De fato, é a consciência de Lenin que não consegue superar, no campo da organização, a da burguesia.

(. . .) O movimento de 22 de março existiu por muito tempo apenas pelo conteúdo radical de seus objetivos políticos, seus métodos de lutas efetivas e, freqüentemente, espontâneos e o caráter não-burocrático de sua organização.

Cohn-BENDIT,
Le Gauchisme, Ed. du Seuil, 1968.

XIII. A ESPONTANEIDADE DAS MASSAS

Tão logo saiu de sua prisão polonesa, no outono de 1906,

ela publicou *Greve de Massas, Partido e Sindicatos*, em que resume a experiência revolucionária ainda ardente com a qual quase pagou com a sua vida. Ela uniu o problema da greve política ao da espontaneidade das massas, obstáculo do luxemburguismo, posição deformada constantemente por três gerações de comunistas ortodoxos. Na época em que, no movimento comunista internacional, "luxemburguista" transformara-se em injúria, por vezes até em condenação à exclusão, um pretexto para prisões e deportações mortais sob o stalinismo, as posições de Rosa sobre a famosa "espontaneidade das massas" deram lugar às mais extremas caricaturas.

(...) A famosa espontaneidade reduz-se à confiança que Rosa teve nas capacidades de invenção dos que lutam.

(...) Por um lado, no momento da crise, as massas descobrem a forma de sua luta, não se pode nem fixá-la nem congelá-la. Não pode haver livro de receitas da revolução. (Assinalemos a este propósito, que os textos de Mao Tsé-Tung traçam com precisão o quadro da guerrilha, suas condições, mas deixam uma margem de invenção bem grande aos revolucionários do momento). Para Rosa, existe um contraponto dialético, um complemento constante e necessário, uma condição às invenções espontâneas do grande combate: é a *educação permanente*.

Dominique DESANTI,
Introdução às *Lettres à Karl et Luise Kautsky*,
P.U.F., 1970, XVII-XIX.

XIV. ESPONTANEÍSMO OU ORGANIZAÇÃO

A justa compreensão da natureza da luta de classes e da ação revolucionária, ocasionando a rejeição de qualquer ação especializada que pretende levar às massas uma consciência política e teórica, exteriores a elas mesmas, conduziu grande número de militantes revolucionários a caucionar a chamada tese da "espontaneidade das massas".

De acordo com esta idéia, a iniciativa normal e natural das massas, a dado momento, basta para a realização revolucionária. O militantismo e, sobretudo, a organização revolucionária, são supérfluos e perigosos, pois somente podem dar origem a uma nova burocracia um atraso, teoricamente, sobre a ação das massas e, contra-revolucionária, por sua vontade de dirigir o movimento e enquadrar as realizações com os seus esquemas ideológicos.

No máximo, podem admitir que se formam grupos espontaneamente na luta e travam entre si contatos episódicos e pessoais, sem estruturas precisas e sem programa particular.

Fora disso, o destino de uma organização revolucionária é traçado previamente: é o que conheceram todos os pretensos partidos operários.

Esta tese apóia-se sobre um determinado número de fatos, não apenas indiscutíveis, mas historicamente fundamentais, que exprimem a capacidade popular de organizar as suas lutas e, depois, a gestão da sociedade, após haver afastado as camadas privilegiadas do poder. Mas, ela ignora completamente os mecanismos profundos destes fatos, o que a leva, entre outras coisas, a assimilar a capacidade criadora das massas a uma pretensa espontaneidade.

O proletariado não é constituído por um bloco homogêneo, que chega globalmente ao mesmo nível de consciência em dado momento, que afirma uma opção política uniforme, frustra as manobras e afasta as imperfeições que possam desviar a sua ação. Não desenvolve a sua experiência histórica, munido da ciência infusa universal, no mundo imaculado da criação.

Não é, tampouco, uma matéria bruta e virgem, que reage, uniforme e mecanicamente, do mesmo modo às mesmas causas. Portanto, recusar a organização em nome do "espontaneísmo" é cair ou em uma visão abstrata e idealista das massas e caucionar um oportunismo ou um aventurismo sem princípios, bem como uma noção demagogicamente populista da ação revolucionária, ou em uma concepção pseudocientificista, estreitamente economista e mecanicista da sociedade e de suas contradições internas, um fatalismo desumano que deixa o campo livre a seja o que for. Semelhantes idéias não deixam de engendrar o seu contrário, proveniente dos mesmos erros: uma concepção golpista, estreitamente voluntarista que, em geral, sob um verniz "espontaneísta" deixa a iniciativa revolucionária apenas aos pequenos grupos que se entregam às chamadas "ações exemplares", procede de uma visão abstrata da ação revolucionária e de um pessimismo em geral inconfessado, sobre a capacidade real das massas.

Entre estas duas tendências encontram-se os corporativistas apolíticos que rejeitam qualquer direção ideológica da ação das massas e caem em um empirismo cego e que também afirmam que os grupos ideológicos devem limitar-se à propaganda verbal ou escrita de seu ideal, deixando as massas livres para aceitá-lo ou rejeitá-lo.

De fato, a falta de uma organização revolucionária específica no seio do movimento das massas tem uma conseqüência inelutável; esvaziá-la de seu conteúdo em proveito dos que se arrogam o poder de falar em seu nome. Portanto, a luta de classes serve apenas de vaga de fundo aos que pretendem apossar-se do controle da sociedade. Os organismos do poder operário são infalivelmente torpedeados pelos grupos autoritários e estatistas quando o movimento não está, de antemão, orientado em direção a desvios pelos estados-maiores reformistas (junho de 1936-julho de 1968). Os exemplos abundam, entre os quais, o maior é o da tomada do poder pelo Partido bolchevista; extraindo a sua força da Revolução Russa, após as tentativas frustradas dos socialistas revolucionários e dos mencheviques, ele tomou em mãos e condenou politicamente a nível nacional os sovietes. Pode-se citar também a Revolução Húngara de 1956 que mal deu oportunidade aos elementos nacionalistas e reacionários para tentar recuperar o poder, graças à vigorosa luta operária contra a burocracia e a ocupação stalinista. Enfim, em Maio de 1968, o "Movimento de 22 de março" foi liquidado em proveito das diversas facções que nele haviam participado.

A organização da minoria revolucionária não responde a um

princípio qualquer, é uma necessidade, um produto da vida social, da desigualdade de nível de consciência das massas e da evolução da luta de classes. Sua criação não depende da vontade de um pequeno estado-maior de levar às massas uma verdade da qual elas não têm necessidade. Ela é, portanto, apenas a minoria mais consciente e mais ativa, no âmago do movimento de massas, do qual constitui a expressão sócio-política mais adiantada. Não se trata, pois, de gabá-la ou de recusá-la. Parte integrante das massas, ela não representa a concepção revolucionária realizada de uma vez por todas. Ela surge como o elo natural em que se elabora a tomada de consciência do proletariado mais educado: a teoria revolucionária.

O aprofundamento de suas teses e o fortalecimento de sua coesão teórica inserem-se na perspectiva dinâmica concreta do desenvolvimento máximo das lutas. Ela deve permitir a capitalização e a análise das experiências históricas, como a massa dos fatos presentes, extrair daí a teoria capaz de se integrar na realidade, pela prática cotidiana das lutas. Capaz de exprimir os diversos níveis de luta e de consciência das massas e de confrontá-las com a realidade da exploração, o seu objetivo é deduzir a estratégia revolucionária de um vasto movimento social que, além da reivindicação elementar e parcial, interna ao sistema, deve desembocar na contestação global da sociedade e na elaboração de um mundo novo. A organização é o elemento das massas que lhes permite afirmar e impor politicamente a sua solução.

Grupo BAKUNIN,
Marselha (comunista libertário),
1970.

XV. NADA DE FALSO DILEMA

A polêmica que se instaurou no interior da social-democracia, principalmente na Bélgica e na Alemanha, após as greves gerais belgas de 1902 e 1903, não necessita de apresentação histórica. Os textos que publicamos permitem apreender o essencial do contexto político da época e qualquer trabalhador, tenha ele ou não nenhum conhecimento da história da Bélgica, compreenderá do que se trata, pois os mesmos problemas colocam-se atualmente ao mundo operário, principalmente na França, após a experiência das greves generalizadas de Maio de 1968. É isso, também, que dá a estes textos o seu valor atual. Pouco nos importa fazer obra de historiador. Esperamos apenas contribuir para o esclarecimento das idéias e para a identificação dos inimigos passados, presentes e futuros da revolução do proletariado.

Nesta polêmica, Mehring e, sobretudo, Rosa Luxemburgo criticam a prática e as concepções da direção do partido belga. Estes textos nos dizem respeito porque, contra o líder reformista Vandervelde, Rosa analisa o que constitui o próprio fundamento da teoria revolucionária: a espontaneidade revolucionária do proletariado. Ora, este ponto sempre constituiu, e ainda constitui, o nó da defrontação entre reformistas e revolucionários no movimento operário. Todos os elementos que caracterizam as duas posições já estão presentes na época e podem se resumir em poucas palavras: o proletariado é uma massa bruta e inerte que os chefes socialistas, formados na teoria, levam ao combate como um exército disciplinado? Ou, ao contrário, o proletariado é impelido, espontaneamente, por sua situação, a uma prática "socialista" e a teoria revolucionária é apenas a compreensão do sentido da situação de classe e a inteligência da lógica de sua prática? Neste caso, longe de visar o enquadramento do proletariado, os revolucionários são os que visam sistematizar a sua atividade criadora e espontânea.

Notemos de imediato que Rosa Luxemburgo não incorre, em nenhum momento, no falso dilema do pensamento burocrático que constitui a nata da literatura grupuscular atual — o dilema organização-eficácia/inorganização-espontaneidade. Mais do que mostrar a inconsistência teórica das concepções que opõem espontâneo a organizado, limitamo-nos a constatar que, em um período em que o reformismo domina o movimento operário, os revolucionários são levados, com toda a justiça, a identificar-se com as manifestações marginais que transbordam, pela ação de uma minoria, os marcos das organizações burocráticas. Porque a organização está em mãos dos adversários, a luta, no seu início, toma a forma de indisciplina organizacional. Mas, desde que a luta atinja determinado nível, a classe operária tende, espontânea e organicamente, a unificar-se, a centralizar-se e a criar os organismos adequados de direção.

É o que demonstra Marx ao estudar a Comuna de Paris, é o que prova a criação, em 1905 e 1917, dos Sovietes na Rússia e na Alemanha em 1918, etc. Mas isto não é válido apenas nos períodos de luta revolucionária aberta. A história da Liga dos Comunistas e da Primeira Internacional; a criação da Spartakus na Alemanha e, depois, do K.A.P.D. como a criação da Quarta Internacional (não a de Trotsky, a verdadeira, de 1920) demonstra esta tendência espontânea do movimento revolucionário à organização. É, todavia, evidente que, nesta época, Rosa superestima a possibilidade de reerguer as organizações reformistas, partidos ou sindicatos. Mas as teses que desenvolve estão na linha das posições de Marx; elas visam apreender o movimento real da classe operária e não têm nada em comum com a crítica "moral" da burocracia e da ideologia espontaneísta.

Meio século mais tarde, os termos desta polêmica permanecem profundamente atuais e impõem-se duas conclusões simétricas: os inimigos da revolução proletária no interior do movimento operário têm vida muito mais dura do que pensam os revolucionários; os seus partidários, também, que sobreviveram a todas as contra-revoluções, a todos os massacres e que ressurgem toda a vez que a classe operária se põe a lutar.

Pierre GUILLAUME,
Prefácio da *Grèves sauvages, spontanéité des masses, l'expérience belge de grève générale,*
Cahiers Spartacus, 1969.

XVI. O LUXEMBURGUISMO

Rosa Luxemburgo é, talvez, com Lukács (que se refere, constantemente, a ela na *História e Consciência de Classe*) um dos autores mais desconhecidos, traídos e deformados do marxismo. Para estes dois autores malditos, a história (os dirigentes operários, os comentadores, editores e outros "teóricos") produziu, por certo, esta gigantesca obliteração de tudo o que foi uma tendência consciente e organizada do movimento operário, a ponto mesmo de tornar-se em determinados momentos hegemônica. Basta ver a irritação com que Lenin a vê surgir em toda a parte, quando escreve a seu propósito "um livrinho bem maldoso". Esta tendência que ruiu tão rapidamente quanto surgiu tinha então por nome: *esquerdismo*. Viveu-se este fenômeno extraordinário nos anos 20.

Desde 1964, em uma França gaullista que se entedia, ninguém se contenta mais com ideologias castristas, maoístas, trotskistas, etc., F. Maspero lança uma coleção intitulada "Biblioteca Socialista" que reedita alguns textos de Rosa; os stalinistas, para não ficarem atrás, se interessam por eles também.

Depois de Maio de 68, não foi mais possível ignorar a existência do pensamento luxemburguiano. Além das reedições aumentadas, mas incompletas, da Maspero em formato de bolso, Badia publicou, em 1969, os "Extratos de Rosa" nas Ed. Sociales, "desastrosamente truncados, precedidos por uma sólida *introdução* e enquadrados por *úteis comentários*..." (P. Sorlin, *Le Monde*). Com toda boa fé, diversos propagandistas e militantes descobriram, então, esta verdade profunda: Rosa fora a mais mortal inimiga do reformismo e do "revisionismo", antes de tudo, adversária ferrenha de Bernstein e, depois, de Kautsky que permitiu que a polêmica com Lenin tornasse secundária.

Nossa óptica é radicalmente *outra,* não apenas é fácil mostrar que, pelo número de páginas e seu lugar no edifício conceptual, a oposição de esquerda aos bolchevistas é central; mas ainda, que as críticas endereçadas a Bernstein e a Ksutsky poderiam de fato dirigir-se contra Lenin, que só se pode classificar, segundo os conceitos luxemburguistas, como um social-democrata de esquerda: veja-se a sua identidade profunda e o seu respeito para com Kautsky sobre a consciência de classe. É esta tese: é a oposição Luxemburgo-Lenin (com suas "causas" políticas, filosóficas e sociológicas) que é fundamental para qualquer compreensão de Rosa. É isto o que nos esforçaremos por demonstrar; e também o quanto esta oposição é atual (entre esquerdistas e P.C.F.) mesmo quando os primeiros utilizam-se de uma "forma leninista". Pois ela é a oposição entre o proletariado e a burocracia.

(...) O partido não é a consciência de classe e não se torna partido em um dia e seu mandato instrumento de luta de classe nunca é definitivo. Daí por que a constituição de um partido comunista não pode ser decretada por intelectuais (quer esta constituição seja, *a priori,* sobre um programa radical justo no terreno abstrato, quer sobrevenha após uma cisão prematura); a constituição do P.C. só pode ser a conclusão de um processo de maturação das massas e de suas organizações com todas as suas carências.

Alain GUILLERM,
Le Luxemburguisme aujourd'hui.
Cahiers Spartacus, 1970.

XVII. UM PARTIDO NÃO É NECESSÁRIO

É outra utopia imaginar que o partido possa assegurar uma rigorosa condenação das lutas e uma centralização das decisões. As lutas operárias, tais como ocorreram há doze anos (...) não sofreram a falta de um órgão de tipo partido que conseguiria coordenar as greves; não sofreram a falta de politização – no sentido em que Lenin a entendia – elas foram dominadas pelo problema da organização autônoma da luta. Nenhum partido pode fazer com que o proletariado resolva este problema; ao contrário, ele só será resolvido em oposição aos partidos – quaisquer que sejam, quero dizer tão antiburocráticos quanto sejam os seus programas. A exigência de uma preparação combinada das lutas na classe operária e de uma previsão revolucionária não pode certamente ser ignorada (se bem que ela não se apresenta a todo momento, como alguns deixam crer); mas é inseparável hoje desta outra exigência de que as lutas sejam decididas e controladas por aqueles que as conduzem. A função de coordenação e de centralização não motiva, portanto, a existência do partido; cabe a grupos de operários ou de empregados minoritários que, multiplicando os contatos entre eles, não cessam de fazer parte dos meios de produção em que agem.

Claude LEFORT,
"Organisation et Parti" (Contribuition
à une discussion), *Socialisme ou Barbarie,*
nº 26, nov.-dez. de 1958

XVIII. O PARTIDO NÃO TERIA NENHUM PAPEL?

(...) Sua crítica (de Rosa) da ditadura bolchevista, assim como, de resto, sua teoria da espontaneidade, procedem, evidentemente, de uma dialética mais hegeliana que marxista.

(...) Esta dialética (...) é – bem mais do que a dialética marxista – a do idealismo objetivo, de Vico a Hegel, em que a mediação, a relação do abstrato com o concreto, da práxis com a teoria, tem apenas função subalterna em relação ao vasto movimento da história.

(...) O "espontaneísmo" luxemburguiano – é preciso insistir nisso hoje – tem, portanto, um conteúdo estritamente histórico, dir-se-ia até historicista. Seria uma extrapolação abusiva querer identificar a espontaneidade tal como a concebe Rosa Luxemburgo, com esta espontaneidade que – e sobre a qual se fundam – tanto a psicanálise freudiana quanto o psicodrama de Moreno põem a nu: ao passo que, aqui, a espontaneidade pertence, mais ou menos a uma "natureza humana", que a história ou a cultura vem contradizer; em Rosa Luxemburgo, ao contrário, a espontaneidade procede da história e não poderia realizar-se senão pela e na história. Ademais a espontaneidade descrita por Freud ou Moreno quer ser um fato genérico, próprio ao conjunto da espécie humana, enquanto que a espontaneidade luxemburguiana pretende-se e permanece essencialmente um fenômeno de classe. Só existe, de fato, em Rosa Luxemburgo, verdadeira espontaneidade, quando ela se exprime no momento da revolução. Se para o marxismo o proletariado só existe como classe na qualidade de revolucionário, acontece o mesmo para a espontaneidade luxemburguiana: ela também só existe como revolucionária.

(...) É à revolução que cabe, em última instância, fazer a prova da espontaneidade.

(...) A história e a espontaneidade histórica vêm portanto de infirmar ou desmentir alguns esquemas preestabelecidos que se pretendia ditar de cima — encontra-se aí, mais uma vez, a concepção hegeliana da história que proíbe as previsões e só autoriza as totalizações *a posteriori*, "no cair da noite"; mas, ao mesmo tempo, a fórmula, pelo menos o deixa supor, alguns, que devem "ter o seu mandato", podem se constituir em mestres-escolas — de outro tipo, talvez, mas em todo caso mestres-escolas. É evidentemente aqui que se remedia a lacuna que Lukács já denunciou em Rosa Luxemburgo: a insuficiência da mediação entre a teoria e a práxis, mediação que está na organização. É, de fato, a relação entre o proletariado e seus intelectuais que não está explícita ou, neste caso, o problema da preparação da greve, da liberação da espontaneidade e de sua direção.

(...) É esta relação entre espontaneidade e direção consciente, entre a vontade de todos e a direção de alguns que Rosa Luxemburgo vai tentar definir, sem consegui-lo completamente.

(...) Certamente, a organização do proletariado, sua vanguarda, virá se colocar na testa do movimento, mas será necessário, para tanto, que este seja antes desencadeado, que a história se ponha em movimento.

Tudo se passa como se o partido existisse apenas para recolher os frutos de uma revolução que já teria ocorrido.

(...) Na própria origem da greve de massas, da explosão espontânea, da revolução, o partido não terá nenhum papel. Tudo se passa como (...) se se tratasse sempre, para a práxis política de vir operar uma recuperação *post facto* e de dar um sentido a um fenômeno que se decidiu alhures.

Robert PARIS,
Prefácio de *La Révolution russe*, Ed. Maspero, 1964.

XIX. REFUTADA PELA HISTÓRIA

Se bem que não aceite a essência do "centralismo" de Lenin, Luxemburgo é levada em sua polêmica a impor-lhe indiretamente uma outra concepção da formação da consciência política de classe e da preparação de situações revolucionárias. Fazendo isso, ela põe em evidência, do modo mais pungente mesmo, até que ponto ela se enganava neste debate. A concepção de Luxemburgo de que "o exército proletário forma-se e torna-se consciente de seus objetivos durante a própria luta" foi absolutamente refutada pela História. Por maiores, mais longas e vigorosas que tenham sido as lutas operárias, as massas laboriosas *não* adquiriram aí uma compreensão clara das tarefas da luta ou, pelo menos, não adquiriram um grau suficiente: basta lembrar aqui as greves gerais francesas de 1936 e de 1968, as lutas dos trabalhadores alemães de 1918 a 1923, as grandes lutas dos trabalhadores italianos de 1920, 1948 e 1969, como também as prodigiosas lutas na Espanha de 1931 e 1937, para mencionar apenas estes quatro países europeus.

(. . .) Seria completamente ilusório crer que, repentinamente, em uma noite, por assim dizer, por meio exclusivo de *ações* de massa, uma consciência correspondente às exigências da situação histórica possa nascer no seio das grandes massas.

(. . .) Lenin aceitava com o mesmo entusiasmo que Rosa Luxemburgo e Trotsky as explosões poderosas e espontâneas de greve de massas e de manifestações populares.

Luxemburgo tem razão quando diz que o desencadeamento de uma revolução proletária não pode ser "predeterminado" pelo calendário e procurar-se-ia, em vão, um ponto de vista contrário em Lenin. Lenin, como Luxemburgo, estava convencido de que estas explosões elementares de massas, sem as quais uma revolução seria inimaginável, não podem ser nem "organizadas" de acordo com regulamentos, nem comandadas; (. . .) Lenin, como Luxemburgo, estava convencido de que uma ação de massas verdadeiramente extensa faz e fará rebentar sempre uma poderosa reserva de energia criadora, uma plenitude de recursos e de iniciativas.

A diferença entre a teoria leninista de organização e a chamada teoria da espontaneidade — que só pode, aliás, ser atribuída a Luxemburgo com importantes reservas — reside, portanto, *não em uma subestimação da iniciativa das massas, mas na compreensão de seus limites*. A iniciativa das massas é capaz de uma série de magníficas proezas. Mas, por si só, ela não é capaz de redigir, durante a luta, um programa claro e completo em vista de uma revolução socialista na qual estão implicadas todas as questões sociais (sem falar da reconstrução socialista ulterior). Ela tampouco é capaz de operar sozinha uma centralização suficiente de forças que torne possível a derrubada de um poder de Estado fortemente centralizado e dispondo de um aparelho repressivo (. . .). Em outras palavras, os limites da espontaneidade das massas começam a ser perceptíveis se se compreende que uma revolução socialista vitoriosa *não pode ser improvisada*. Ora, a "pura" espontaneidade das massas reduz-se sempre à improvisação.

Acrescentemos: a "pura" espontaneidade existe apenas nos livros de contos de fadas sobre o movimento operário, mas não em sua história real. O que se entende por "espontaneidade das massas" são movimentos que não foram preparados em detalhe anteriormente por alguma autoridade central. Em contrapartida, o que *não* se deve entender por "espontaneidade das massas", são movimentos que se produziriam sem nenhuma "influência política de fora".

(...) O que diferencia as ações "espontâneas" da "intervenção da vanguarda" não é nada senão o fato de que, nas primeiras, cada um chegou, durante a luta, ao mesmo nível de consciência, ao passo que na segunda, a "vanguarda" seria distinta da "massa". O que diferencia as duas formas de ação não é, também, o fato de que nas ações "espontâneas" nenhuma solução teria sido levada ao proletariado de "fora", ao passo que uma vanguarda organizada responderia às exigências elementares da massa "à maneira de uma elite", "impondo-lhe" um programa.

Jamais existiram ações "espontâneas" sem alguma espécie de influência vinda de elemento de vanguarda. A diferença entre ações "espontâneas" e aquelas em que "a vanguarda revolucionária intervém" é, essencialmente, a seguinte: nas ações "espontâneas" *a natureza da intervenção dos elementos da vanguarda é inorganizada, improvisada, intermitente e não-preparada* (manifestando-se fortuitamente em determinada empresa, região ou cidade) ao passo que, a existência de uma organização revolucionária permite coordenar, planificar, sincronizar conscientemente e regular continuamente a intervenção de elementos da vanguarda na luta "espontânea" das massas. Tais são as exigências do "supercentralismo" leninista e nada mais.

Ernest MANDEL,
International Socialist Review, dezembro de 1970

XX. – ADERIR ÀS MASSAS

(...) Muito se escreveu a propósito da idéia luxemburguiana da espontaneidade, surgindo um determinado número de equívocos. Rosa Luxemburgo parte, é verdade, do postulado implícito de que as massas proletárias são espontaneamente revolucionárias e que basta um incidente menor para desencadear uma ação revolucionária de vulto. Esta tese está subentendida em todo o seu livro. Contudo, o seu otimismo não é acompanhado *a priori* de uma desconfiança quanto ao papel do Partido na revolução; pelo menos, neste texto e nesta data, Rosa Luxemburgo não opõe a massa revolucionária ao Partido; os seus ataques são dirigidos não contra o Partido alemão, mas contra os sindicatos, cuja influência julga nefasta e o papel quase sempre desmobilizador.

Quanto ao Partido, a sua função deve consistir não em desencadear a ação revolucionária: isto é uma tese comum, escreve ela, a Bernstein e aos anarquistas – quer se façam campeões ou detratores da greve de massas. Não se decide uma greve de massas por meio de uma resolução de congresso em tal dia, tal hora. Tampouco não se decreta artificialmente que a greve permanecerá limitada a tal objetivo, por exemplo, a defesa dos direitos parlamentares: esta concepção é derrisória e desmentida sem cessar pelos fatos. O Partido deve – se se ousa empregar o termo – aderir aos movimentos de massas; uma vez desencadeada espontaneamente a greve de massas, ele tem por tarefa dar-lhe um conteúdo político e palavras de ordem justas. Se ele não tiver a iniciativa, tem a direção e a orientação política. É somente assim que impedirá que a ação se perca ou reflua no caos.

Irène PETIT,
Introdução às *Oeuvres I* de Rosa Luxemburgo,
Petite collection Maspero, 1969.

ELEMENTOS DE BIBLIOGRAFIA
Obras de Rosa Luxemburgo

Principais compêndios em alemão:

Gesammelte Werke, publicados por Clara Zetkin e Adolf Warski, editados por Paul Frölich, 3 vols. publicados: III *Gegen den Reformismus*, 1925 (em abreviatura: *G.W.* III); IV *Gewerkschaftskampf und Massenstreik*, 1928 (em abreviatura: *G.W.* IV); VI *Die Akkumulation des Kapital*, 1923.

Gesammelte Werke, publicados pelo "Institut für Marxismus-Leninismus", Berlim (Leste), 1970, 2 vols. publicados: período 1893-1905.

Spartakusbriefe, do mesmo Institut, Berlim, 1958.

Textos em francês concernentes ao problema da espontaneidade revolucionária:

Réforme ou révolution? (1897), *Grève de masses, parti et syndicats* (1906), (em abrev. *G.M.*) em *Oeuvres* I, Petite collection Maspero.

Grèves sauvages, spontanéité des masses, principalmente o artigo de 24 de maio de 1902, *Cahiers Spartacus*, Série B, n.º 30, 1969 (em abrev. *G.S.*)

"Espoirs déçus" ("Masses contre chefs"), *Die Neue Zeit*, 1903-1904, em *Marxisme contre dictature*, *Cahiers Spartacus*, 1.ª série, n.º 7.

Questions d'organisation de la social-démocratie russe (em abrev. *Q.O.*), reproduzido em anexo a Trotsky, *Nos tâches politiques*, 1970.

Écrits politiques (1917-1918), principalmente *La Révolution russe*, 1918 (em abrev.: *R.R.*) em *Oeuvres* II, Petite collection Maspero.

Biografias:

Em francês

Berthe Fouchère, *La vie heroique de Rosa Luxemburg*, 1946, Cahiers Spartacus nº 25, série A.
Paul Frölich, *Rosa Luxemburg*, trad. franc., Maspero, 1965.
Luise Kautsky, *Mon amie Rosa Luxemburg*, trad. franc., Cahiers Spartacus, nº 28, série B.
J.-P. Nettl, *Rosa Luxemburg*, (trad. franc. da ed. inglesa de 1966).

Em outras línguas

Tony Cliff, *Rosa Luxemburg*, Londres, 1953.
Helmut Hirsch, *Rosa Luxemburg*, livro de bolso Rowohlt, 1969.
Henriette Roland-Holst, *Rosa Luxemburg: ihr Leben und Werken*, Zurique, 1937.
Fred Oelssner, *Rosa Luxemburg, esquisse biographique critique*, Berlim (Leste), 1952.

Outras obras de Rosa Luxemburgo publicadas em francês:

L'accumalation du Capital (1913), *Oeuvres* III e IV, Petite collection Maspero.
"Arrêts et progrès du marxisme", em *La Confession de Karl Marx*, Cahiers Spartacus, junho de 1969.
La Crise de la social-démocratie ("Juniusbroschüre"), redigida em abril de 1915, ed. La Taupe, Bruxelas, 1970.
Introduction à l'économie politique, redigida entre 1907 e 1917, ed. Anthropos, 1970.
Lettres à Leo Jogiches.
Lettres à Karl et Luise Kautsky, Presses Universitaires de France, 1970.
Lettres de la prison (editadas em alemão em 1920), Cahiers Spartacus, série B, nº 5.
Le Socialisme en France (1898-1912), apresentado por D.G., Pierre Belfond, 1971.

Estudos sobre Rosa Luxemburgo em francês:

"Rosa Luxemburg vivante", *Partisans*, nº 45, 1969, ed. Maspero.
Gilbert Badia, *Les Spartakystes*, Julliard, col. Archives, 1966; – do mesmo autor: *Le Spartakisme*, L'Arche, 1967.
Alain Gillerm, *Le luxemburguisme aujourd'hui*, Cahiers Spartacus, março de 1970.

Georg Lukács, *Histoire et conscience de classe*, trad. franc., 1960.
André e Dori Prudhommeaux, *Spartacus et la Commune de Berlin*, Cahiers Spartacus, 1949, 2ª série, n.º 15.

Estudos sobre Rosa Luxemburgo em outras línguas:

Lelio Basso, *Rosa Luxemburg's Dialektik der Revolution*, 1969, Europaïche Verlagsanstalt, Frankfurt, traduzido do prefácio em italiano dos *Scritti Politici*, 1967, Editori Riuniti, Roma.
Giuseppe Vacca, *Luxemburghismo e spontaneismo*, Rinascita, n.º 20, 15 de maio de 1970, pp. 19-21.
Die Massenstreikdebatte, contribuições de Parvus, Rosa Luxemburgo, Karl Kautsky e Anton Pannekoek, Frankfurt, 1970, introdução de Antonia Grunenberg (contendo os dois artigos de Rosa de 1910: "Ermattung oder Kampf?" e "Die Theorie und die Praxis").

Coleção Khronos

1. *O Mercantilismo*, Pierre Deyon.
2. *Florença na Época dos Médici*, Alberto Tenenti.
3. *O Anti-semitismo Alemão*, Pierre Sorlin.
4. *Mecanismos da Conquista Colonial*, Ruggiero Romano.
5. *A Revolução Russa de 1917*, Marc Ferro.
6. *A Partilha da África Negra*, Henri Brunschwig.
7. *As Origens do Fascismo*, Robert Paris.
8. *A Revolução Francesa*, Alice Gérard.
9. *Heresias Medievais*, Nachman Falbel.
10. *Armamentos Nucleares e Guerra Fria*, Claude Delmas.
11. *A Descoberta da América*, Marianne Mahn-Lot.
12. *As Revoluções do México*, Américo Nunes.
13. *O Comércio Ultramarino Espanhol no Prata*, Emmanuel Soares da Veiga Garcia.
14. *Rosa Luxemburgo e a Espontaneidade Revolucionária*, Daniel Guérin.

Impresso nas oficinas
SANTOS MARCONDES GRÁFICA EDITORA LTDA.
Rua Espírito Santo, 268 — Tel. 279-1859
Armazem 8 - Aclimação - São Paulo